TANNENWALD
Dieses Abenteuer wird gelesen von:
BIBERSEE
ROTBUCHENWALD

PAGEA
Verlag
Frankfurt

Für
Karin & Helmut

Dieses Buch wurde durch Spenden und persönliches Engagement von über 120 Menschen ermöglicht.

Wir danken von ganzem Herzen und wünschen allen viel Freude mit Nellies Geschichte und der Musik.

Annabel, Gesa, Martin & Thomas

Thomas Klischke

VOLLE NUSS VORAUS

Die Geschichte vom mutigsten Eichhörnchen des Waldes, oder warum es manchmal gut ist, bei drei auf dem Baum zu sein.

Mit Illustrationen von

Annabel Adler

Musik von

Martin Friedrich Kagel

Lieder gesungen von

Gesa Bocks

Martin Friedrich Kagel

Kindern der blu:boks BERLIN

Originalausgabe

Illustrationen: Annabel Adler
Layout & Covergestaltung: Christiane Meyer
Lektorat: Meike Blatzheim
Korrektorat: Kia Kahawa
Druck: Pulsio Print
ISBN: 978-3-9823696-8-6
www.pagea-verlag.de

Musikproduktion

Texte: Thomas Klischke
Komposition: Martin Friedrich Kagel
Produktion: Thomas Klischke
Recording, Editing und Mixing: Lars Peter, Haiger Nordwand Studio, Haiger
Recording: Rares Caraivan – Siryuz Music Berlin, Daniel Neumann – blu:boks BERLIN
Gesang: Gesa Bocks, Martin Friedrich Kagel, Thomas Klischke, Jemima Schwab, Leo, Lena, Ha-An, Noralie, Fritzi, Samuel und Luc

VOLLE STIMME VORAUS!

Alle Lieder in diesem Buch kannst du
herunterladen und anhören.

Du brauchst ein Smartphone und scannst damit den QR-Code,
der neben den Liedern abgedruckt ist.

Los geht's!

Mitklatschen. Mitsummen. Mitsingen.

Viel Spaß mit der Geschichte und den Liedern
wünschen dir

Annabel, Gesa, Martin & Thomas

Inhalt

Flammende Frühlingsfreude

»Ich knack euch alle auf«, murmelt Nellie im Halbschlaf und streichelt über ihren kugelrunden Bauch.

Hoch oben, sicher im Inneren einer uralten Fichte, schlummert das kleine Eichhörnchenmädchen, eingekuschelt zwischen den Eltern. Sie träumt – wie so oft – von einem gigantischen Berg glänzender Haselnüsse.

»Tü-tü-tü-tü-tüüü!«

Was ist denn das? Nellie legt ihren buschigen Schwanz auf das rechte Ohr. Sie will weiterträumen! Ihr Näschen schnuppert über eine besonders große Nuss. »Hm, lecker«, murmelt sie. »Du bist die Erste!«

»Ti-ti-ti-ti-tiiii!«

Schon wieder. Was ist das denn, fragt Nellie sich, während sie die Nuss packt. Flink zieht der frische Duft der Haselnuss in ihr Näschen. Ihr Bauch knurrt freundlich Zustimmung und freut sich ebenfalls auf die Nuss.

»TÜ-TÜ-TÜÜÜHÜÜ!«

Jetzt reicht es aber! Nellie reißt die Augen auf. »Schade. Schluss mit Nussgenuss«, seufzt sie. Links Papa, rechts Mama. Friedlich schnarchend bilden Nellies Eltern eine gemütliche Decke aus weichem Fell.

»TIHI-TÜHÜ-TIHIIIIII!«

Da ist es schon wieder, dieses Störgeräusch. Nellie springt aus dem Bett und öffnet leise das Fenster. »Hallöchen?«, ruft sie.

Nichts.

Dann flüstert sie in die Zweige: »Was soll das? Wir schlummern!«

Auf dem Ast vor dem Fenster landet ein schwarzer Vogel mit knallgelbem Schnabel. »Guten Morgen, Schätzelein!«, trillert er.

»Kennen wir uns?«

»Du bist Nellie, das jüngste Eichhörnchen der Familie Nuss. Dein Papa ist Nik Nuss und deine Mama heißt Nami.«

»Das weiß ich doch«, stöhnt Nellie. »Wer du bist, will ich wissen?«

»Tiii-tiii-tiii-tiiii, das errätst du nie!«

»Ein Tiiitiiitiiitiiii?«

»Sehr witzig!«, antwortet der Vogel, offenbar gekränkt.

»Ich habe so schön geträumt. Dein Geräusch hat mich geweckt!«

»Schätzelein, das war kein Geräusch, das war Gesang. Ein Geräusch stört, Gesang lockt an!«

»Wen willst du denn anlocken?«

»Die schönsten Melodien für die schönsten Federtiere des gesamten Waldes.«

Der Vogel öffnet seine Flügel und trällert noch einmal aus voller Kehle: »TÜ-TÜ-TÜÜÜ-HÜÜ!«

»Sehr beeindruckend, Herr Tiiitiiitiiitiiii. Und weshalb die ganze Anlockerei?«

»Nun, Schätzelein, sagen wir es so: flammende Frühlingsfreude meinerseits!«

»Sagtest du Frühling?«

»To-to-to, jawohl. Der Frühling ist da! Ti-ti-ta-ta.«

»Bist du ganz sichaaa?«, reimt Nellie grinsend.

»Nun ja, die Sonne sendet güldene Strahlen –«, sagt der Tiiitiiitiii.

Nellie muss blinzeln.

»Im Laub raschelt es hier und da.«

Nellies Öhrchen stellen sich auf. Ihre Augen werden groß. Haselnussgroß.

»Die Zweige tauschen Winterbraun gegen Frühlingsgrün.«

Nellie schließt kurz die Augen und atmet kräftig ein.

»Und die Eichhörnchen sind aus der Winterruhe erwacht! Tahahaha«, ruft der Tiiitiiitiii aus voller Brust.

»Ja, der Frühling ist daaa«, bestätigt Nellie und steckt ihr Näschen in den Wind.

MHMM.

Sie lächelt über das ganze Gesicht. Es wird Zeit, denkt sie. Endlich Zeit, sich auf die Suche zu machen. Auf die Suche nach den besten Haselnüssen des ganzen Waldes.

»Vielen Dank fürs Wecken, Herr Tiiitiiitiiitiiii!«

»Gern geschehen!«

»Ich wünsche euch beiden einen schönen Frühlingstag!«, fügt Nellie hinzu.

Euch? Ja, Nellie ist aufgefallen, dass sich ein zweiter schwarzer Vogel mit gelbem Schnabel direkt neben den Herrn Tiiitiiitiiitiiii gesetzt hat. Offensichtlich zieht Gesang wirklich an.

»Ich muss los«, grinst Nellie. »Es sind nämlich noch nicht alle Eichhörnchen wach.«

2

Volle Nuss voraus

»AAAUFSTEEEHEEEN!«, hallt es durch die alte Fichte.

»Was ist denn los?«, gähnt Nellies Papa.

»Aufstehen, ihr Frühlingsverschlafer!«, ruft Nellie noch einmal durch den Eichhörnchenbau.

»Leg dich wieder hin«, murmelt Nellies Mama schläfrig.

»Der Frühling ist da. Es geht los!«

Nellie schlüpft in ihre Lieblingshose. »Oma, Nuri, Nobbi, hoch mit euch!«

Dann klettert sie eine Etage tiefer in die Küche. Während Nellie Schubladen und Schranktüren öffnet, singt sie fröhlich:

Auf die Plätze, fertig, los!
Haselnüsse sind famos.
Eichenhörnchen aus dem Haus!
Volle Nuss voraus!

Lecker und nussig
Sollen sie sein,
Kraftvoll und knackig,
Das Aroma fein.

Zwischen den Wurzeln,
Versteckt im Laub,
Unter der Hecke,
Sicher vor Raub.

Getarnt als Stein,
Im dichten Gehölz,
Hocken die Nüsse,
Die wahren Genüsse.

Fein geschnüffelt,
Fix gecheckt,
Flink gegraben,
Nuss entdeckt!

Auf die Plätze, fertig, los!
Haselnüsse sind famos.
Eichenhörnchen aus dem Haus!
Volle Nuss voraus!

Gesucht und gefunden,
Geschnappt und gepackt.
Die großen und die kleinen,
Die harten und die feinen.

Eichenhörnchen aus dem Haus!
Volle Nuss voraus!

Nach und nach treffen alle Eichhörnchen der Familie in der Küche ein: Oma Nanni, Nellies Eltern sowie ihr Bruder Nobbi und ihre Schwester Nuri.

»Für die Nüsse!«, verkündet Nellie und dreht den anderen den Rücken zu. »Mein Nuss-Sammel-Rucksack mit Extrataschen für Nussbrote, Walnusstee und Schlummerkissen.«

Nellie reißt die Wohnungstür auf. »Ich werde die leckersten Nüsse für die beste Haselnusscreme der Welt finden.«

»Du kannst nicht mit!«, sagt Mama leise und streicht Nellie über den Kopf.

»Du bist doch noch viel zu klein«, erklärt Papa.

»Ich bin nicht klein. Seht her!« Nellie streckt ihre Pfötchen in die Höhe.

Nach einer kurzen Stille muss Nuri lachen. »Du schaffst es nicht einmal bis an meine Nase.«

Pah. Da geht noch was. Nellie streckt sich weiter.

»Keine Chance«, schmunzelt Nobbi. »Ich bin immer noch einen Kopf größer als du!«

»Ich bin mindestens so groß wie du!«, ächzt Nellie und schiebt ihre Pfötchen noch einen Millimeter nach oben. Doch ohne Erfolg.

»Ach, Nelliekind!«, lacht Oma. »Der Wald ist zu gefährlich für ein Eichhörnchen in deinem Alter! Du bleibst bei Papa und mir!«

»Hilfst du uns bei den Vorbereitungen für die Haselnusscreme?«, fragt Papa.

Nellie schüttelt energisch den Kopf. »Wir sind vier Hörnchen – Mama, Nuri, Nobbi und ich. Was soll schon passieren?«

»Du könnest dich verlaufen«, seufzt Mama.

»Du könntest ertrinken. Stürzen. Oder einschlafen«, grinst Nobbi.

»Du könntest gefressen, überfallen oder entführt werden, Nellieschatz«, beendet Oma die Gefahrenaufzählung.

Nellie muss schlucken. Gefressen, überfallen und entführt? Ihre Knie beginnen ein wenig zu zittern. Schließlich lässt sie die Pfötchen sinken: »Ich habe aber gar keine Angst!«

»Du wirst trödeln und an jedem Pilz stehen bleiben«, stöhnt Nobbi. »Nuri war bei ihrer ersten Suche genauso.«

Nellie strafft die Hosenträger ihrer Latzhose. »Ich bin Schnupperprofi«, ruft sie. »Das sagt Papa immer!«

Papa schaut Mama Nuss tief in die Augen und sagt: »Das stimmt, Nami. Nellie riecht eine Haselnuss, egal, wie tief sie vergraben ist.«

»Sie bleibt hier!«, bestimmt Mama.

»Zusammen werden wir viiiiiieeeel schneller sein! Versprochen!«, bittet Nellie.

»Du bist zu klein!«

»Ich schaffe das!«

»Nein!«

Hinter den Zweigen

»Pah, zu klein!« Nellie pfeffert den Rucksack auf den Küchenboden. »Ich kann eine Haselnuss drei Meter unter der Erde riechen!« Dann klettert sie nach oben in ihr Kinderzimmer. Dort angekommen, wirft sie sich aufs Bett und schluchzt leise ins Kissen.

»Hey, Nellie, bist du traurig?« Nellie sieht, wie Mamas Kopf in der Luke am Boden auftaucht, durch die Eichhörnchen das Zimmer betreten können.

Nellie hüpft zu ihr und versteckt das nasse Gesicht tief in Mamas Fell.

»Wenn du noch etwas gewachsen bist, darfst du mitkommen, versprochen!« Mama kuschelt Nellie und flüstert leise:

Da ist ein warmes Gefühl,
In meinem Bauch,
Und mein Mama-Herz – das pocht.
Spürst du das auch?

Dann knuddelt sie Nellie so wild, dass beide heftig lachen müssen.

»Mama, wo bleibst du?«, ruft Nobbi aus der Küche.

»Es geht los. Tschüss, Nellie!« Mama stupst Nellie mit dem Näschen und streicht ihr noch einmal über die Wange.

»Tschö mit ö, Mamö«, verabschiedet sich Nellie und lächelt tapfer.

»Ach, Nellie. Ich hab dich sehr lieb.«

»Ich dich auch, Mama!« Nellie drückt Mama ein letztes Mal.

Kaum ist die Luke zugefallen und Mama fort, wirft sich Nellie wieder aufs Bett. »Ich will nicht warten, ich will jetzt mit«, murmelt sie.

Geklimper und Geklapper dringen aus der Küche: Walnussbrote werden geschmiert, Wasserflaschen gefüllt und Wanderschuhe geschnürt. Oma Nuss sortiert die Gewürze für die Nusscreme und pfeift zufrieden mit dem Herrn Tiiitiiitiiitiiii um die Wette.

Schließlich hört Nellie Oma und Papa rufen: »Eichenhörnchen aus dem Haus!«

Mama, Nobbi und Nuri antworten: »Volle Nuss voraus!«

Nellie beobachtet durch das Fenster, wie die halbe Familie Nuss auf den Waldboden hinunterhechtet und im Dickicht der Büsche verschwindet. Dann singt sie leise:

Was wohl unter den Zweigen ist,
Möchte ich zu gern wissen.
Warten bunte Düfte auf mich
Oder fiese Hornissen?

Wer wohl hinter den Zweigen singt,
Möcht ich zu gern seh'n.
Wer den Würmern Sonne bringt,
Das möcht ich versteh'n.

Was wohl über den Zweigen thront,
Möchte ich gern erfahren.
Ob dort das Abenteuer wohnt,
Oder tausend Gefahren.

Was wohl hinter den Zweigen schnurrt,
Und knurrt und flüstert und knistert
Und raschelt und ruschelt –
Ich werd es wohl niemals erfahr'n!
Und das alles nur,
Und das alles nur
Wegen der blöden Gefahr'n!

Nellie legt ihr Köpfchen ans Fenster.

QUIETSCH!

Plötzlich steht es offen, das Fenster.

Nellie starrt auf eine Knospe vor dem Fenster. Dann auf den Zweig, an dem die Knospe hängt. Dann zum Ast, an dem der Zweig hängt. Dann zum Stamm, an dem der Ast hängt.

Der Stamm führt geradewegs nach unten. Nach unten, wo der Waldboden beginnt. Und was ist im Waldboden vergraben?

Jawohl! Jede Menge Nüsse.

Walnüsse. Haselnüsse. Erdnüsse.

Nellie schiebt ihr Näschen ganz weit aus dem Fenster. »Da ist doch, ähm, da ist doch, ui, ich bin mir sicher, das ist der Duft, huch, den Duft kenne ich, das ist der Duft –« Nellie muss heftig niesen und stößt mit dem Köpfchen gegen das Fenster, das sich einen Spaltbreit öffnet.

SCHWUPP!

Mit einem Satz ist Nellie durch den Spalt hindurch. »Ui, gut festhalten!«, flüstert sie. »Der Zweig ist wackeliger als Omas Schaukelstuhl.« Etwas zittrig hockt Nellie auf dem Zweig und spitzt die Ohren. »Ob Oma und Papa was bemerkt haben?«

Überhaupt nicht. Die beiden pfeifen in der Küche ein fröhliches Duett mit einem Fischerfinken.

Rasch springt Nellie vom Zweig auf den Ast. Mit einem weiteren Hüpfer hebt sie ab und landet am Stamm. Geschickt krallt sie sich fest. Ein letztes Mal hält sie inne und wirft einen Blick auf die Wohnungstür, in die die Buchstaben FAMILIE NUSS genagt sind.

»Ich will, ich kann, ich schaff das. Auf-die-Plätze-fertig-los! Juhu.«

Während Nellie zügig klettert, sieht sie Oma durchs Fenster weiter gut gelaunt Gläser für die Nusscreme spülen.

»Tschüss Oma, du wirst staunen, wenn ich zurückkomme!«, flüstert Nellie und dichtet dann: »Zweig, Ast, Stamm, seht her, was ich schon kann!«

Die Äste werden dicker und dicker.

»Zweig, Ast, Stamm, mutig voran!«

Hinunter und runter, immer tiefer Richtung Boden.

»Zweig, Ast, Stamm, ich weiß, ich will, ich kann.«

Mit einem letzten Sprung landet Nellie auf dem Waldboden.

BUMM.

»Wow!«, flüstert sie.

BUMM. BUMM.

»Die Erde pocht wie mein Herz!«

BUMM. BUMM. BUMM.

Der spitze Stein

Bäume, Farne, Pilze, Wurzeln. Noch mehr Bäume, kleine Lichtungen, ein Bächlein. Nellies Augen werden sekündlich größer.

»Der Wald hat gar kein Ende«, staunt sie und dreht sich einmal um sich selbst. Ein Meer von Düften steigt ihr in die Nase. »Frische Fichtennadeln, Buchensprösslinge, Kiefernzapfen und –« Und? Nellie grinst. »DER DUFT EINER HASELNUSS!«, ruft sie laut in den Wald, der noch lauter zurückruft: »NUSS-HUSS-huss-uss!«

Augenblicklich, schnell wie ein Blitz, hüpft Nellie los. Die Nase immer dicht am Boden, folgt sie den Spuren der versteckten Nüsse.

Lecker und nussig
Sollen sie sein,
Kraftvoll und knackig,
Das Aroma fein.

Zwischen den Wurzeln,
Versteckt im Laub,
Unter der Hecke,
Sicher vor Raub,
Getarnt als Stein,
Im dichten Gehölz,
Hocken die Nüsse,
Die wahren Genüsse.

Fein geschnüffelt,
Fix gecheckt,
Flink gegraben,
Nuss entdeckt!

Auf die Plätze! Fertig? Los!
Haselnüsse sind famos.
Eichenhörnchen aus dem Haus!
Volle Nuss voraus!

Sie schnüffelt hier. Sie schnüffelt dort! Sie klettert und kratzt. Sie springt hoch und runter, drüber und drunter, immer tiefer, hinein in den endlosen Wald.

Plötzlich steht Nellie wieder am Fuße der Fichte, dem Baum, in dessen Inneren sie zu Hause ist.

»Bin ich etwa im Kreis gehüpft?« Ratlos lässt sie sich fallen. »UFF.«

Da piekst was.

»AUA!« Nellie springt auf und blickt unter sich. »Kannst du nicht aufpassen?«

Ein brauner Stein mit einer Spitze lugt aus dem Boden.

Nellie schimpft weiter: »Du musst schon aufpassen, unter wen du dich legst! Es könnte ein kleines Eichhörnchen sein!«

Doch der Stein antwortet nicht. Denn der Stein ist kein Stein. Der Stein ist ...

»Ein Stein mit spitzer Spitze?«

Nellie untersucht den Stein. »Steine haben keine spitze Spitze.«

Doch, manchmal.

»Eine kleine braune Spitze? Das, das ist doch –« Aufgeregt wippt Nellie mit ihrem Schwänzchen. »Oooh, du bist eine Haselnuss! Eine vergrabene Haselnuss!«

Nellie hüpft noch einmal um die Nuss herum. »Ich hab mich auf eine Haselnuss gesetzt! Hahahaha – wie lustig. Ich bin wirklich lustig.«

Geschwind befreit Nellie die Nuss vom Erdreich.

»Fein geschnüffelt, fix gecheckt, flink gegraben –«

Sie umklammert die Nuss und zieht so kräftig sie kann. »Nuss entdeeeeeeeeeckt!«

Mit einem Ruck löst sich die Nuss und

fliegt in hohem Bogen über Nellie hinweg.

»Vorsicht, FLUGNUSS!«, ruft sie in den Wald und sprintet hinterher.

PLOCK.

Die Nuss landet weich auf einem Haufen bunter Herbstblätter vom letzten Jahr.

»Schön liegen bleiben!«, japst Nellie und spurtet zu dem Haufen. »Ab in den Rucksack! Sicher ist sicher.« Sie will die Nuss packen. Doch der Haufen mit der Nuss bewegt sich. »Ui.«

Der Haufen bewegt sich erst behäbig und ruckelig, dann wackelig. Und dann wunderlich eilig.

»He, Fundnuss, hiergeblieben!«

Schließlich rennt der Haufen sogar.

»Du bist ziemlich flink für einen Laubhaufen!«, ruft Nellie. »Bleib stehen!«

Schließlich verschwindet der Haufen mit der Nuss in einem Busch.

»Ein Haufen Blätter, der Nüsse klaut und sich in einen Busch verkuscht?«, wundert sich Nellie. »Das gibt es doch gar nicht!« Oder doch?

Der stachelige Gefährte

»Hey, warte! Das ist meine Fundnuss!«, ruft Nellie.

»Zum müffelnden Holzwurm!«, brummt der Haufen. »Was soll das? Ich schlafe!«

»Ein Haufen, der spricht. Und rennt. Und Nüsse klaut. So etwas hab ich noch nie gesehen!«

»Kann ich nicht einmal im Leben meinen wohl verdienten Winterschlaf zu Ende halten?«, flucht der Haufen. Dann schüttelt er sich so, dass alle Blätter auf den Boden gleiten. Unter dem Laubhaufen kommt ein hellbrauner Fellball – mit spitzer Schnauze und einem kleinen Stupsnäschen – auf vier kleinen Pfoten zum Vorschein.

»Huch!«, entfährt es Nellie.

Mit seinem Näschen beschnuppert der Fellball den Boden. »Tach!«, sagt er. »Regenwurm, hast du mich beim Schlafen gestört?«

»Hallöchen!«, begrüßt Nellie den Fellball.

Doch, statt zurückzugrüßen, öffnet der seine Schnauze und schnuppert dann eifrig über den Boden. Der Regenwurm ahnt Unheil und macht sich dünne.

»Geschlafen wird in der Nacht«, stottert Nellie. »Tagsüber wird gegessen.«

»Ich glaub, es hackt«, motzt der Fellballen. »Wo ist er hin?«

»Halt!«, ruft Nellie. »Du erschreckst das Würmchen!«

Der Fellball kneift die Augen zusammen und schaut in Nellies Richtung. »Ich erschrecke nicht, ich will eine Antwort.«

Der Regenwurm hat jedoch keine Lust, zu antworten, und robbt fix unter einen Moosballen.

»Das Würmchen hat dich nicht geweckt«, erklärt Nellie, »sondern meine Haselnuss, die auf deinem Fell gelandet ist.«

Der Fellball tapst mit zuckendem Rüssel näher.

Nellies Knie zittern ein wenig. Der Tapser guckt nämlich nicht freundlich, sondern grimmig. Sehr grimmig, um genau zu sein.

Der Fellball starrt Nellie an. »Erstens, das ist kein Fell. Das sind Stacheln! Zweitens, Fell ist kuschelig! Stacheln pieksen! Klaro?«

»Klaro!«, antwortet Nellie, obwohl sie sich mit Stacheln nicht wirklich auskennt. »Ich heiße Nellie Nuss.«

»Ich heiße Mampfred, Igel.«

»Freut mich, Mampfred Igel. Ich bin Nellie, Eichhörnchen. Meine Familie wohnt in der uralten Fichte da drüben.«

»Das weiß ich schon. Du bist die Kleine von denen«, stöhnt Mampfred.

»Das ist richtig. Aber, was du noch nicht weißt, Mampfred, ist die Antwort auf die Frage: Warum fliegen Vögel im Winter in den Süden? Na?«

»Nellie, ich bin müde. Wir Igel sind nachtaktiv. Wenn ihr Eichhörnchen schlaft, sind wir wach. Wenn ihr wach seid, schlafen wir. So hat es die Natur nun einmal eingerichtet. Klaro?«

»So hat es die Natur eingerichtet, klaro«, wiederholt Nellie. »Und was hat das jetzt mit meinem Witz zu tun?«

»Ich will weiterschlafen. Erklär mir später, warum Vögel in den Süden fliegen.«

»Tut mir leid, ich wollte die Natur gar nicht durcheinanderbringen. Es ist nur so, ich bin auf Nusssuche. Und meine erste Fundnuss, die –«

»Du hast eine Frage?«

»Ja.«

»Dann stell sie!«

»Weißt du, wo ich viele Nüsse finden kann?« Nellie beobachtet den Igel. Es sieht ganz so aus, als würde er nachdenken.

»Hm, lass mal schnuppern!« Mampfred wendet seinen

Kopf zur Seite und untersucht die Fundnuss auf seinem Rücken.

SCHNÜFFEL.

»Die Nuss ist vom –«

»Ja?«

SCHNÜFFEL.

»Nun?«

SCHNÜFFEL. SCHNÜFFEL.

»Ich hab's!«, verkündet Mampfred. »Sie ist vom Haselnusshain! Da gibt's die besten Ringelwürmchen des ganzen Waldes und, ja, auch sehr viele Haselnüsse!«

»Juhu!« Nellie hüpft von einem Füßchen aufs andere. »Kannst du mir den Weg zum Haselnusshain zeigen, Mampfred?«

Platz für alle

Bitte, bitte, bitte, sag ja, denkt Nellie und schaut Mampfred mit großen Augen an.

»Noch ein paar Haselnüsse zum Frühstück«, antwortet dieser nach einer kurzen Grübelei. »Das wäre pures Glück.«

»Was ist Glück?«

»Wenn ich satt bin, kann ich schlummern. Wenn ich schlummere, tue ich, was ich am liebsten tue. Und wenn ich tue, was ich am liebsten tue, bin ich glücklich! Klaro?«

»Klaro!«, antwortet Nellie, die selbst gern lange und ausgiebig schlummert. Am liebsten eingekuschelt zwischen Mama und Papa.

»Aber jetzt, wo ich sowieso wach bin, kann ich dich auch begleiten.«

»JUHUUU!«, freut sich Nellie und umarmt Mampfred. »Aua!«

»Fell ist kuschelig«, brummt Mampfred.

»Und Stacheln pieksen!«, grinst Nellie.

»So hat es die Natur eingerichtet!«

»So hat es die Natur eingerichtet!«, wiederholt Nellie. »Danke, dass du mich begleitest, stacheliger Gefährte!«

»Gefährten? Ja, in der Tat. Das sind wir!«, bestätigt Mampfred und stapft los.

Ich habe einen Gefährten, denkt Nellie. Ob das auch Glück ist? Denn sie ist gern mit anderen zusammen, zum Beispiel mit ihren Geschwistern.

»Worauf wartest du, Nellie?«, fragt Mampfred und ruft

dann: »Volle Nuss voraus! Das ruft ihr Eichhörnchen doch immer, oder?«

»Volle Nuss voraus!«, antwortet Nellie und springt flugs hinterher.

Und so tapsen und hüpfen die beiden Gefährten auf schmalen Pfaden durch den Wald Richtung Haselnusshain. Plötzlich fragt Mampfred: »Wozu brauchst du einen ganzen Rucksack voll Haselnüsse?«

»Oh, für die Haselnusscreme meiner Oma!«, erklärt Nellie. »Da dürfen nur die leckersten Fundnüsse rein!«

»Das kann ich sehr gut verstehen«, brummt Mampfred. »In meinen Bauch dürfen auch nur Leckereien! Am liebsten mag ich Walnüsse, die ein paar Tage in Gewitterpfützen lagen.«

»Mhm. Kenne ich.«

»Oder Tautropfen, die den Sonnenaufgang auf Steinpilzschirmen verbracht haben.«

»Oh.«

»Und überreife Brombeeren, die in Butterblumenblüten gefallen sind.«

»Du hast aber den armen Regenwurm vorhin sehr hungrig angeschaut«, sagt Nellie.

Mampfred bleibt stehen. »Hm, ja, nein, Würmer machen dick«, murmelt er. »Weißt du?«

Nellie weiß für einen Moment nicht, was sie sagen soll. Mampfred ist ziemlich rund, also genau genommen rund wie eine Kugel. Dann entscheidet sie, dass Mampfred eben ist, wie er ist. Sie nickt und sagt dann: »Ich dachte nur, wenn du

Walnüsse frühstückst, können die Würmchen weiter den Boden umgraben.«

»Ach so.« Mampfred nickt und setzt den Weg fort. »Ja, das machen sie gern, den Boden umgraben. Das hast du gut beobachtet, Nellie. Würmchen gehören in die Erde. Dort ist ihr Platz.«

»Und nicht in deinen Bauch«, fügt Nellie fix hinzu.

Wieder bleibt Mampfred stehen, offenbar, um nachzudenken. »Richtig«, brummt er. »Ein jedes Wesen hat einen Platz auf dieser Welt. Das hat die Natur so eingerichtet.«

»Ein jedes Wesen hat einen Platz auf dieser Welt«, wiederholt Nellie.

»Es gibt noch etwas, das ich leidenschaftlich gern esse ...« Mampfreds Stupsrüsselchen beginnt zu zucken, dann setzt er fort: »In Bienenhonig getauchte Walnüsse sind das Feinste, was –« Mitten im Satz rollt sich Mampfred plötzlich zu einer Kugel zusammen.

»Gefährte, was ist mit dir?«

»Nöllie, schnöll wög!«, klingt es dumpf aus der Stachelkugel.

Dann kugelt die Kugel unter einen Farn. Der Boden unter Nellies Pfoten erzittert. Genauso wie Nellies Öhrchen.

»Mampfred, was ist hier los?«, ruft sie.

Unter Nellies Pfoten knistert und knackst es. Ihr Körper wird heftig durchgeschüttelt. Und dann passiert es: Der Waldboden öffnet sich, direkt vor Nellies Pfoten.

»Oje!«, seufzt Nellie. »Die Erde bricht auf. Und knackt dabei wie eine Nuss.«

Bälle aus Fell

Blitzfix flüchtet Nellie auf eine junge Rotbuche. Einen Atemzug später spuckt der Spalt in hohem Bogen Erdklümpchen, Würzelchen und Steinchen aus.

Und ...

»Bälle aus Fell?«, staunt Nellie.

Aus dem Loch im Boden schießen zwei winzige Geschöpfe, die durch die Luft sausen. Zuerst eines, das »SCHNICKI!« schreit. Einen Moment später eines, das »SCHNACKA!« ruft.

Die Fellbälle landen mit einem leisen PLOPP auf dem Boden.

»Wie putzig!«, freut sich Nellie. »Wer seid ihr denn?«

Doch kaum gelandet, sausen die Bälle davon.

»Ihr seid wohl auf der Flucht?«, ruft sie ihnen hinterher.

»Schnack, wer zuerst auf dem Baumstumpf ist, hat gewonnen!«, ruft der erste Fellball mit einer piepsigen Piepsstimme.

»Alles klar, Schnick!«, piepst der zweite Ball zurück.

Schneller als Nellie gucken kann, rauschen sie durchs Unterholz davon. »Die machen einen Wettlauf. Wie lustig.«

Trotz des hohen Tempos wenden beide Fellbälle ihre Köpfe und rufen: »Hast du gehört, Schwesterlein? Wer zuerst auf dem Baumstumpf ist.«

Nellie hat von diesen kleinen, piepsigen Wesen doch schon mal gehört. »Wühlmäuse, das sind Wühlmäuse, jawohl!«, erinnert sie sich. »Oh, da kommt noch eine!«

Ein winziges Näschen guckt aus dem Erdspalt. Ein drittes Mäuschen krabbelt mit einem gestöhnten »SCHNUCKU!« aus dem Loch. Schwer atmend folgt sie hüpfend den anderen.

»Warum hüpft sie denn?«, wundert sich Nellie. »So holt sie die beiden doch nie ein.«

Nellie verlässt den Schutz der Rotbuche und spurtet den dreien hinterher. Schnell hat sie das letzte Wühlmäuschen eingeholt. »Hallöchen!«, ruft sie. »Klettere in meinen Rucksack!«

»Spielst du mit?«, fragt die Maus erstaunt.

»Klaro! Wir sind jetzt ein Team! Ich heiße Nellie.«

»Ich bin Schnuck!«

Das Mäuschen nimmt Anlauf und wirft sich in hohem Bogen auf Nellies Rucksack. Dann krabbelt es flink hinein. »Wie warm es hier drin ist.«

»Gut festhalten!« Nellie spurtet los.

»Hui, du bist schnell!«, ruft Schnuck.

»Und du leicht wie eine Vogelfeder!« Nellie folgt fix den Fellbällen, die mächtig Staub aufwirbeln und damit eine leicht sichtbare Spur vorgeben.

»Juhuuuuu, wir kommen!«, ruft Schnuck.

Vor ihnen erreichen Schnick und Schnack den Fuß des Baumstumpfes.

»Ui, das ist sooo oberfühli, Nellie!«

»Oberfühli?«

»Aufregend. Toll. Großartig. Super.«

Nellie muss lachen: »Oberfühli ist oberfühli! Hahaha.«

»GEWONNEN!«, kreischen die Brüder freudig, während sie den Baumstumpf erklimmen. Doch in letzter Sekunde setzt Nellie zu einem Sprung über die Köpfe der beiden an und landet sicher in der Mitte des Baumstumpfes.

»GEWONNEN!«, ruft Schnuck. »Wir haben gewonnen!« Sie krabbelt aus dem Rucksack und trommelt mit ihren winzigen Pfötchen auf das Holz des Baumstumpfes.

»Ihr habt geschummelt!«, motzt Schnack.

»Ihr habt geschummelt«, gibt Nellie zurück. »Ihr seid nicht zusammen losgelaufen. Schnuck hätte euch nie einholen können.«

»Sei nicht so eine Hohlnuss!«, empört sich Schnick.

»Was ist eine Hohlnuss?«, fragt Schnuck.

»Ein Eichhörnchen, das rumzickt! Hahahaha«, antwortet Schnick frech.

»Ein Eichhörnchen, das eine Maus huckepack nimmt, ist unfair«, verkündet Schnack.

»Nicht zusammen loslaufen ist unfair«, hält Nellie dagegen.

»Schnuck kann sowieso nicht gewinnen«, behauptet Schnack.

»Du bist gemein!«, sagt Nellie.

»Und du Schiedsrichterin, oder was?«, erkundigt sich Schnick.

»Los, Schnick, wir düsen ab!«, sagt Schnack.

»SCHNICKI!«

»SCHNACKA!«

8

Unter der Erde

»Ärgere dich nicht!«, tröstet Schnuck Nellie. »Sie sind eben so.«

»Nein, sie sind gemein zu dir«, grummelt Nellie. »Das ist nicht in Ordnung!«

Mit einem freundlichen Grinsen umarmt Schnuck Nellie. »Ich hab noch nie beim Wettrennen gewonnen. Das war wirklich oberfühli. Danke, Nellie!«

»Du bist oberfühli, Schnuck!«

»Und du sehr lustig, Nellie!«

Schnuck knuddelt Nellie und Nellie knuddelt Schnuck. Ganz vorsichtig, damit sie der kleinen Maus nicht die Luft abdrückt. Hüpfend und johlend tanzen sie ein paar Runden im Kreis und singen: »Wir sind ober-ober-oberfühli.« Schließlich lassen sie sich auf den Baumstumpf plumpsen und von der Frühlingssonne bescheinen.

»Ui, das kitzelt in der Nase«, stellt Schnuck fest.

»Schön, nicht?«, meint Nellie.

»Mein Bauch wird ganz warm.«

»Und du lebst also unter der Erde?«, fragt Nellie und schaut auf das Loch, in dem Schnick und Schnack verschwunden sind.

»Ja, willst du mal sehen?«

»Hm.« Nellie zögert. »Vielen Dank für das Angebot, aber ich muss zum Haselnusshain!«, sagt sie dann und deutet auf ihren Rucksack. »Der soll heute noch voll werden! Mein Gefährte Mampfred und ich – oh, ich hab Mampfred vergessen.« Nellie springt auf und sieht sich um. »Hey, Gefährte, die Erde zittert nicht mehr! Wir können weitergehen!«

Doch nichts Stacheliges regt sich.

»Wo ist er denn?«

Da springt Schnuck plötzlich auf und ruft: »Heute ist dein Glückstag, Nellie Nuss! Ich zeige dir eine super Abkürzung zum Haselnusshain.« Dann flüstert sie geheimnisvoll: »Unter der Erde!«

»Unter der Erde?«, wiederholt Nellie nachdenklich. Eine Abkürzung zu benutzen, spart Zeit. Ein ganz bisschen abenteuerig ist es auch. Und was soll schon passieren? Schnuck ist ja bei mir, denkt Nellie. »Abgemacht!«, sagt sie. »Ich komme mit.«

»Ohne mich!«, brummt die Stimme einer entkugelten Stachelkugel aus einem nahe gelegenen Farn.

»Da bist du ja!«, ruft Nellie erleichtert. »Mampfred, das ist Schnuck. Sie kennt eine Abkürzung. Dafür müssen wir allerdings nach unten.«

»An und für sich liebend gern, Nellie«, schnauft Mampfred und wirft einen Blick auf das Loch im Boden. »Aber, ich seh schon bei Tag so wenig, und da unten ist es richtig duster. Außerdem, na ja, ich glaube, mein Format passt nicht ganz zum Format der Wühlmäuschengänge.«

»Du meinst, du wirst nicht hineinpassen?«

»Öhm, richtig!«, bestätigt Mampfred. »Weißt du was, ich warte hier einfach auf dich!«

»Gut, Gefährte!«, sagt Nellie und streichelt Mampfred zum Abschied vorsichtig über die Wange. »Aua.«

»Nellie, Stacheln pieksen!«

»Und Fell ist kuschelig. Ich weiß.«

Die beiden müssen herzhaft lachen.

»So ist es. Und jetzt ab mit euch«, gähnt Mampfred. »Ich döse ein bisschen, während ich auf dich warte.«

»Hier entlang, Nellie!« Schnuck schlüpft in das Loch und verschwindet.

Nellie folgt der kleinen Wühlmaus in einen engen, langen und sehr düsteren Tunnel. »Ui, ist das kühl hier.«

»Pass auf, dass du dir nicht den Kopf stößt«, warnt Schnuck.

»Wie kannst du in dieser Dunkelheit etwas sehen?«, will Nellie wissen.

»Tue ich nicht!«

»Was?«

»Ich schnuppere«, erklärt Schnuck. »Und taste. Mit meinen Tasthaaren. Die sehen für mich!«

Nasen und Haare können sehen? Ob das auch die Natur so eingerichtet hat? Vorsichtig tapst Nellie durch die Gänge. »Aua, ich bin an etwas hängen geblieben«, ruft sie.

»Sicher eine Wurzel«, vermutet Schnuck. »Hier, bitte! Halte das vor dein Gesicht.« Schnuck reicht Nellie ein gelblich leuchtendes Glas.

»Hallo, ihr zwei! Danke, dass ihr mir den Weg leuchtet.« Entzückt winkt Nellie den Glühwürmchen, die sich im Glas verliebt anglühen.

9

Ich mag dich

Mit der praktischen Glühwurmlampe geht es zügig tief hinein in den Wühlmausbau. Durch breite Gänge, schmale Tunnel, aufwärts, abwärts, vorbei an Wohnkammern, Schlafnestern und Vorratshöhlen, voll mit Samen und frischen Früchten.

»Unter der Erde kannst du super an Wurzeln nagen!«, erklärt Schnuck. »Und sichere Vorräte anlegen!«

»Das machen wir Eichhörnchen auch«, sagt Nellie. »Die besten Nüsse vergraben wir im Boden.«

»Es ist außerdem sehr ruhig hier unten. Und wir Wühlmauskinder können geschützt aufwachsen!«

Nellie bleibt stehen und starrt auf den Boden. »Du Schnuck, sag mal, deine Füßchen, die sehen ganz anders aus als die deiner Brüder!«

»Ja, sie sind verdreht. Ich bin so auf die Welt gekommen.«

»Bist du deshalb langsamer als Schnick und Schnack?«

»Ja, meistens.«

Schnuck ist wirklich ein besonderes Mäuschen, denkt Nellie. Sie macht bei Wettrennen mit, obwohl sie gar nicht gewinnen kann. Ganz schön mutig … »Spielst du gern mit deinen Brüdern?«, fragt Nellie.

»Ja, sie sind sehr lustig.« Schnuck lacht. »Wir machen jeden Tag aufregende Ausflüge und passen immer gut aufeinander auf.«

Nellie zögert. »War es doof, dass ich mich in euer

Rennen eingemischt habe?«, fragt sie dann.

»Ach was, du wusstest ja nicht, dass wir spielen.«

»Ich liebe spielen. Neben Nüssenagen und Kuscheln ist das meine Lieblingsbeschäftigung.« Nellie muss an ihre Familie denken. Wie gern wäre sie jetzt gemeinsam mit Nuri und Nobbi im Wald unterwegs. An Mama, Oma und Papa zu denken, lässt Nellies Bauch auf einmal ganz warm werden.

»Ich mag dich, Schnuck!«

»Ich dich auch, Nellie!«

»Schnuck, kennst du den schon? Warum fliegen Vögel im Winter in den Süden?«

»Stopp!«, ruft Schnuck plötzlich. »Feuchte Pfoten!«

»Meine sind auch nass«, wundert sich Nellie.

»Und feuchte Pfoten im Wühlmausgang bedeuten?«

»Keine Ahnung!«

»Wassereinbruch«, flüstert Schnuck. »Wir müssen die anderen warnen. Schnell!«

Nellies Herz pocht mit einem Mal doppelt so laut. »Schnuck, ich kann nicht schwimmen.«

»Keine Sorge! Das wirst du nicht müssen. Hilfst du mir?«

»Klaro!«

»Ruf ganz laut, sodass alle dich hören.«

Nellie atmet tief ein und brüllt: »WASSER IM GANG! ALLE MÄUSE RAUS AUS DEM HAUS!«

»Du bist der Hammer, Nellie!«, staunt Schnuck.

Nellie hält mit zittrigen Pfoten das Glühwürmchenlämpchen vor's Gesicht. »Los Schnuck, klettere in meinen Rucksack!«

Gesagt, getan. Mit Schnuck auf dem Rücken krabbelt Nellie auf allen vieren durch die matschigen Gänge.

»Der Biber hat wieder zu hoch gestaut«, vermutet Schnuck. »Das Wasser ist über die Ufer getreten und durch unsere Höhleneingänge hereingeflossen. Wir müssen unbedingt unsere Vorräte retten!«

»Der Biber? Wer ist das?«, fragt Nellie.

»Das erkläre ich dir später.«

Als sie in der Vorratskammer ankommen, stopfen bereits zahlreiche Wühlmäuschen Samenkörner, Wurzelreste und Walnüssstücke in ihre Backen und eilen damit Richtung Ausgang.

»Hörst du das, Nellie? Das Wasser kommt näher!«

»Es blubbert schon!«, bestätigt Nellie.

»Wir sind zu langsam!«, piepst Schnuck. »Kannst du noch mal rufen?«

»WASSER IM GANG! ALLE MÄUSE RAUS AUS DEM HAUS! VOLLE MAUS VORAUS!«, brüllt Nellie aus Leibeskräften.

»Sieht nicht so aus, als würde es schneller gehen«, sorgt sich Schnuck.

»Warte mal!« Nellie klatscht mit den Pfoten einen Rhythmus, dann singt sie:

Auf die Plätze, fertig, los!
Alle Mäuschen sind famos.
Schafft die Körner aus dem Haus!
Volle Mäuler schnell voraus!

BAUM
FLUCHTWEG

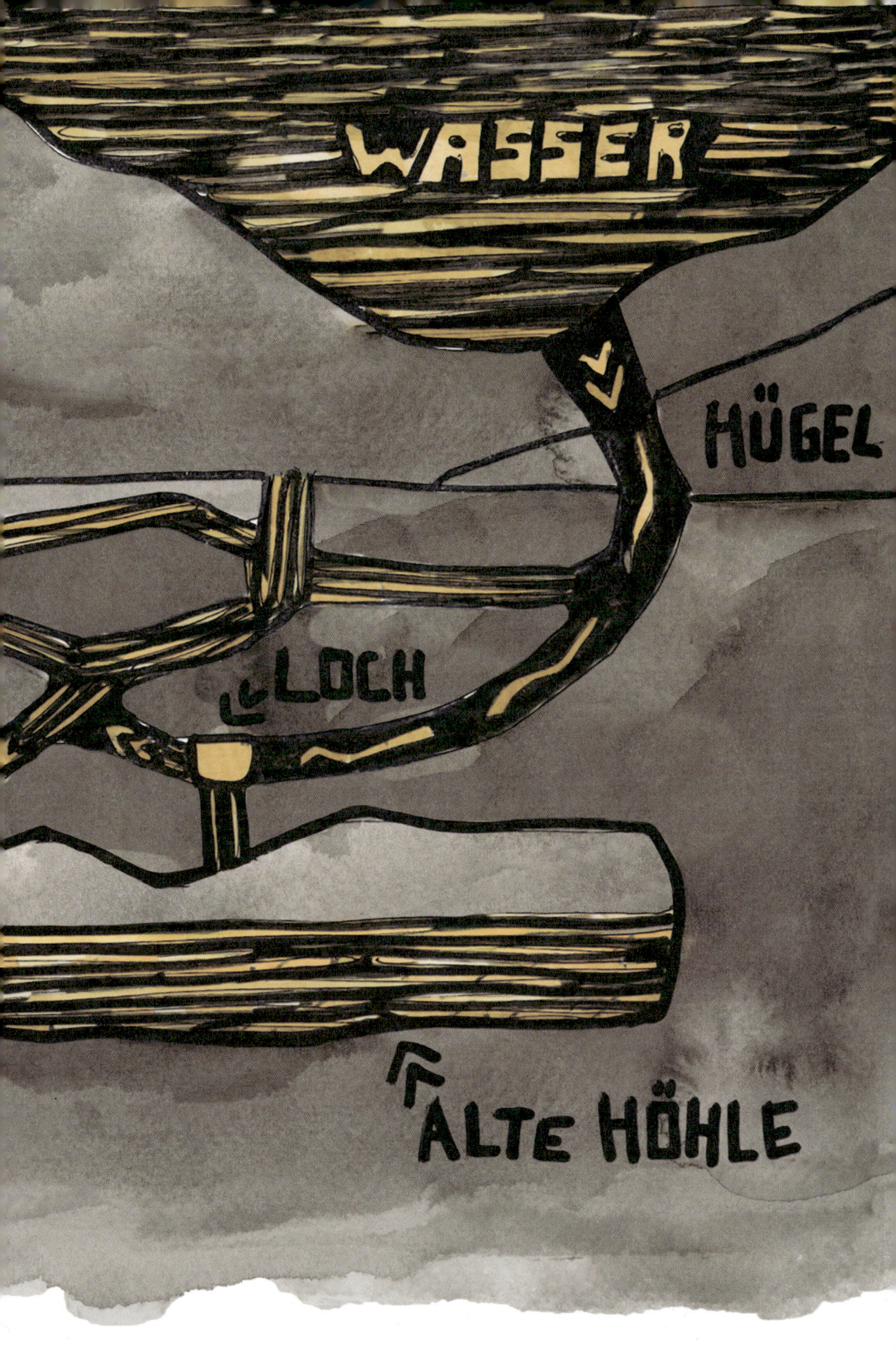

WASSER
HÜGEL
LOCH
ALTE HÖHLE

»Los, mach mit, Schnuck!«, fordert sie die Maus auf. »Mit Musik geht alles besser!«

Gemeinsam klatschen und singen die beiden »Auf-die-Plätze-fertig-los!« und binnen Sekunden sind die Gänge mit Mäuschen gefüllt, die in ihren Mäulern Samen, Blätter, Wurzeln oder Nussreste gerettet haben.

Die Mäuschen schleppen sich mühsam durch Matsch und Schlamm. Dabei versuchen sie, das Essen in ihren Mäulern nicht fallen zu lassen.

»Das Wasser löst die Erde und wird zu Schlamm«, erklärt Schnuck. »Wenn das so weitergeht, kommen wir nie draußen an. Oje!«

Das warme Gefühl

»Ich weiß was!«, sagt Nellie. »Da hinten an der Ecke bin ich kaum durch die kleine Öffnung gekommen. Wenn ich tief einatme und mich hineinpresse, kann ich das Wasser aufhalten.«

»Wie willst du das anstellen?«, fragt Schnuck.

»Ich mache es einfach wie Mampfred!« Und schon kugelt sich Nellie zu einer Eichhörnchenkugel zusammen und rollt sich in die kleine Öffnung.

»Söhst dö, sö!«, stöhnt Nellie.

»Du Genie!«, staunt Schnuck. »Oh, ich hab auch eine Idee.«

Direkt vor der Eichhörnchenkugel beginnt Schnuck, mit ihren verdrehten Hinterfüßen auf dem Boden des Ganges ein Loch zu kratzen.

»Wös möchst dö?«, dröhnt die Eichhörnchenkugel.

»Unter diesem Gang ist eine leere Vorratskammer. Wenn ich das Loch groß genug mache, fließt das Wasser dort hinunter und wir gewinnen Zeit.«

»Dö gröbst ön Löch?«, staunt Nellie.

»Meine Füßchen sind perfekt zum Graben. Schau!«

Schnuck gräbt so wild, dass Tausende Schlammspritzer auf Nellies Fell landen.

»Mön Pö ös schön nöss«, presst sie zwischen den Lippen hervor.

»Nellie, du bist die Größte«, schnauft Schnuck und buddelt wild weiter.

»Mön Röcksöck sögt söch möt Wössör völl!«

»Halt durch, ich hab's gleich!«

Schnuck buddelt, während das letzte Mäuschen mit einem Baby im Maul nach draußen huscht. »Sie hat Verstecken gespielt«, piepst die Mäusemama. »Wir haben sie einfach nicht gefunden.«

»Das Loch ist fertig«, keucht Schnuck. »Komm, Nellie!«

Nellie löst sich von der Öffnung und folgt Schnuck. »Mein Fell ist pitschnass! Ich bin schwer wie ein Sack voller Haselnüsse!«, jammert sie.

»Gleich sind wir draußen!«, beruhigt Schnuck Nellie. »Da trocknet dein Fell ganz schnell.«

»Ich komm' kaum voran!«, stöhnt Nellie.

»Sieh doch, Nellie, das Wasser fließt ins Loch!«

»Juhu, dein Plan funktioniert«, freut sich Nellie. »Du bist auch ein Genie!«

»Wir sind Genies, juhu«, rufen die beiden zusammen.

Nach ein paar Schritten gelangt auch Nellie wieder an die Erdoberfläche, wo das ganze Mäuserudel auf sie wartet und wild klatscht.

Mitten im Rudel bekommt plötzlich ein Igel einen Lachanfall. »Ich dachte, Eichhörnchen schwimmen nicht gern«, japst er und umarmt die tropfende Freundin. »Bin ich froh, dich wiederzusehen, Gefährtin!«

»Und ich erst, Gefährte!«, schnauft Nellie. »Leider ist das mit der Abkürzung schiefgegangen.«

»Es hat sicher Gründe, warum Eichhörnchen auf Bäumen leben und nicht unter der Erde.«

»Ich weiß schon, die Natur hat das so eingerichtet.« Nellie lacht und blinzelt ein paar Mal in den strahlend blauen Himmel. »Das Sonnenlicht ist mir eh lieber.« Gut, wieder über der Erde zu sein, denkt sie, als sie plötzlich aus ihren Gedanken gerissen wird.

»Hey, Eichhörnchen«, sagt Schnick, der unbemerkt hinter ihrem Rücken aufgetaucht ist. »Danke, dass du uns gerettet hast.«

»Du bist echt klasse!«, fügt Schnack hinzu und klopft auf Nellies nasse Schulter.

»Schnuck hatte die rettende Idee, Jungs!«, erklärt Nellie. »Ohne sie wären wir vielleicht ertrunken!«

»Danke, Schnuck!«, jubeln die Brüder. »Voll oberfühli, dass du so schlau bist!«

Nellie ist sich nicht sicher, ob sie gerade richtig gehört hat. Doch da liegen sich die drei Wühlmausgeschwister auch schon schluchzend in den Armen.

Nellie muss an Nobbi und Nuri denken. Wenn sie sich streiten, gibt es nichts Schöneres, als sich danach wieder zu vertragen und zu knuddeln. Und dann wird ein ganzer Haufen Nüsse geknackt. Bis der Magen obervoll ist. Nellie wird wieder ganz warm im Bauch. Ob Mama und Papa sie wohl vermissen? Nellie lässt sich auf einen kleinen Stein fallen. Dann singt sie:

Wenn die Sonne den Frühling weckt,
Oma Nuss das Köpfchen reckt,
Mama und Papa Nasen stupsen,
Wir uns aus den Betten zupfen,

Dann ist da ein warmes Gefühl,
In meinem Bauch.
Und mein Hörnchen-Herz, es pocht.
Spürt ihr das auch?

Wenn ihr morgens das Frühstück bringt,
Dabei fröhlich ›Volle Nuss voraus‹ singt,
Wenn die Walnusskekse uns richtig gut schmecken,
Meine Geschwister flüsternd Späße aushecken,

Dann ist da ein warmes Gefühl,
In meinem Bauch.
Und mein Hörnchen-Herz, es pocht.
Spürt ihr das auch?

Wenn Oma ein Sechseck springt,
Und mich so zum Lachen bringt,
Wenn Mama und Papa Geschichten erzählen,
Und wir den Witz des Tages wählen,

Dann ist da das warme Gefühl
In meinem Bauch.
Meine Familie,
Alles, was ich brauch,
Bestimmt spürt ihr das auch.

Und in diesem Moment ist es, als hörte Nellie die Stimmen ihrer Familie, die leise singt:

Ja, wir sind das warme Gefühl,
In deinem Bauch.
Deine Familie,
Alles, was du brauchst.
Ja, wir spür'n das auch.

Der Hamsterhügel

Nellies Blick fällt auf das plötzlich still gewordene Mäuserudel.

»Schnick, Schnack, Schnuck«, zischt Nellie leise. »Schaut mal!«

»Sie sind traurig«, sagt Schnick.

»Wir haben kein Zuhause mehr«, schluchzt Schnuck.

»Und wissen nicht, wohin«, fügt Schnack hinzu.

Nellies Bauch beginnt zu rumpeln, als würden Steine aneinander reiben. Diesmal allerdings aus Sorge um die Wühlmäuschen. Plötzlich kommt Nellie ein Gedanke. »Mampfred? Gefährte, wo bist du?«

»Hier drüben, Nellie!« Das ist zweifellos Mampfreds Stimme, nur ...

»Warum versteckst du dich zwischen den Steinpilzen?«, fragt Nellie verwirrt.

»Von so vielen wuselnden Mäusen wird mir schwindelig. Und ich hab doch nicht ausgeschlafen heute!«

»Mampfred, die Mäuse haben kein Zuhause mehr.«

»Ja, eine Katastrophe!«

»Hast du nicht gesagt, dass jedes Wesen einen Platz auf dieser Welt hat?«, erinnert Nellie ihn.

»Richtig, so hat es die Natur eingerichtet.«

»Dann muss es doch auch einen neuen Platz für die Mäuschen geben.«

»Du hast recht!« Mampfred runzelt die

Stirn und starrt stumm auf den Boden, während Nellie von einem Bein aufs andere hüpft.

»Ich hab's!«, sagt er plötzlich.

»Was?«, will Nellie wissen.

»Doch nicht!«

»Oh, faule Nuss!«

»Ah, ja!«, tönt Mampfred.

»Was?«

»Öhm, nö!«

»Mampfred, bitte, denk nach!«

»Der Hamsterhügel«, flüstert Mampfred. »Das könnte klappen.«

»Was ist mit den Hamstern?«, fragt Nellie.

»Sie sind vor ein paar Tagen umgezogen«, erklärt er. »Ihr Bau müsste den Wühlmäusen genug Platz bieten.«

»Ach, Mampfred, du bist einfach der beste Auskenner im ganzen Wald!«, freut sich Nellie und will erneut Mampfred umarmen.

»Stopp!«, ruft der Igel. »Stacheln!«

»Ich weiß.« Nellie lacht. »Bringst du die Mäuschen sicher zum Hamsterhügel?«

»Natürlich. Und was wird aus unserem Besuch im Haselnusshain?«

»Ich gehe allein weiter«, sagt Nellie. »Du hast doch gesagt, es ist nicht mehr weit. Bis zum Ende des Buchenwaldes, einmal um das große Wasser und dann geradeaus. Ich schaffe das.«

»Pass gut auf dich auf, Nellie!«, sagt Mampfred.

»Und du auf die Wühlmäuschen!«

»Alle Mäuschen mir nach!«, brummt Mampfred. »Und nicht trödeln!«

Nellie drückt zum Abschied Schnick, Schnack und Schnuck. Und dann ziehen sie los, die Wühlmäuschen, aufgeregt, erleichtert und auch ein bisschen nervös.

Nellie klettert auf einen kleinen Hügel. Von hier aus kann sie das Mäuserudel auch in weiter Entfernung noch gut sehen. »Tschüss! Tschüss!«, winkt sie in die Ferne. »Auf bald, ihr Lieben! Und viel Glück!«

Dann sind die Mäuschen verschwunden. Etwas leuchtet wie ein Blitz zwischen den Bäumen auf. Und es ist nicht die Sonne. Nellie macht sich groß und schafft es, durch die Spitzen zweier Mini-Rotbuchen einen Blick auf das grelle Leuchten zu erhaschen.

»Eine riesige Wasserfläche. Das ist bestimmt der See!«, staunt Nellie. »Wie viele Tropfen müssen das sein?«

Nellie hüpft schnell von Rotbuchenzweig zu Rotbuchenzweig in Richtung Wasser. Am Ufer angekommen, schaut sie sich um. Links ein paar Büsche, rechts eine Wiese. Dahinter noch mehr Büsche. Ein einzelner Baum steht am Ufer, eine junge Weide, und dahinter: das große Wasser. »Wow! Wie wunderschön!«

Auf einmal liegt der Duft einer Haselnuss in der Luft.

SCHNUPPER.

»Wo hast du dich versteckt, Nüsslein?« Nellie hält die Nase in die Luft. SCHNUPPER. SCHNUPPER.

»Oh, da oben, im Weidenbaum, ein verlassenes Vogelnest.«

Zielstrebig klettert Nellie in den Weidenbaum, und tatsächlich: Eine einzelne Haselnuss liegt wie ein Ei in einem Bett aus Federn und Moos.

»Juhu!«

Im selben Moment macht es knack.

Auf hoher See

»Was war das?« Nellie spitzt die Ohren. »Klang wie ein Knacken.«

KNACK.

»Schon wieder.«

KNACK. QUIETSCH. KNARZ.

Der Baum beginnt, im Wind zu schwingen. Vor und zurück. Wie eine Schaukel.

KNARZ!

Und plötzlich macht es nochmal –

KNAAAAACK.

Sehr, sehr langsam kippt der Baum Richtung Wasser.

SCHWWWUMMM.

»Meine Fundnuss!«, schreit Nellie, während der Baum kippt. Sie presst die Nuss dicht an ihr Brustfell. Mit den Hinterläufen klammert sie sich an einen Ast, bevor der Baum mit einem sehr lauten PLATSCH! ins Wasser knallt.

Auch nach der Landung wippen die Äste und Zweige auf und ab. Und Nellie steht Kopf. Tief unter ihrer Nase das Wasser, hängt Nellie, die Nuss fest zwischen den Pfoten, die Hinterläufe zitternd um den Ast geklammert.

»Mama, Papa!«, schluchzt sie leise. »Hilfe!« Nellies Herz pocht lauter als ein Specht ins Holz hämmert.

Dann macht etwas SCHWAPP.

Unter Nellie schieben sich zwei Augen aus dem Wasser, gefolgt von einem tropfenden Schnurrbart, unter dem zwei riesige Zähne hervorblitzen.

»Oh nein! Dasss darf nissst passsieren! Entsssuldige vielmalsss! Dasss issst mir sssrecklich peinlisss!«, sagt der Schnurrbärtige. »Isss hab nisss gesssehen, dasss du auf dem Baum warssst.«

»Hallöchen. Was hast du denn mit dem umgefallenen Baum zu tun?«, fragt Nellie, die froh ist, nicht mehr allein zu sein.

»Hab ihn angenagt und gewartet, bisss er knickt! Wer bissst du?«

»Ich bin Nellie.«

Die Augen des Schnurrbärtigen verschwinden – FLUPP – unter Wasser. Und tauchen – SCHWUPP – wieder auf, diesmal mit einer kleinen Brille auf der Nase.

»Bist du der Biber?«, fragt Nellie.

»Sssi, sssi, freut misss sehr, isss bin Bolli!«

»Du hast zu hoch gestaut, sagen die Wühlmäuse!« Nellie guckt ihn streng an.

»Sssi, sssi! Hab misss vermesssen.«

»Ein Unfall sozusagen?«

»SSSosssusssaagen! Wasss massst du denn hier? Deine Familie wohnt doch in der grosssen Fissste!«

»Ich möchte zum Haselnusshain.«

»Vassstehe, vassstehe. Der Hassselnussshain issst aber auf der anderen Ssseite vom Sssee«, stellt Bolli fest und taucht wieder ohne Ankündigung ab.

Nellie schaut ihm nach und entdeckt einen merkwürdigen Haufen aus Ästen, Zweigen und Laub mitten im See. Wie kommt der denn dahin? Und was ist das?

»Ssso, hier issst das Ssschiff für die Überfahrt!« Bolli schiebt einen abgenagten Baumstamm unter Nellies Kopf. »Ssspring rauf, isss ssschieb disss sssum anderen Ufer.«

»Dir ist aufgefallen, dass ich kopfüber hänge?«, fragt Nellie.

Bolli nickt. »Sssi, sssi, lasss losss!«

»Dir ist aufgefallen, dass ich eine Nuss in den Pfoten halte?«

»Sssi, sssi, lasss losss!« Der Biber nickt noch einmal.

»Bolli, das ist eine Fundnuss für die Haselnusscreme meiner Oma. Ich kann sie nicht ins Wasser fallen lassen.«

»Sssi, sssi, lasss nisss losss!«, nickt Bolli und taucht wieder unter.

Eine Weile passiert gar nichts. Nellie bemerkt, dass sie keine Kraft mehr hat. Wenn Bolli nicht bald zurückkommt, wird sie nicht nur die Nuss ins Wasser plumpsen lassen müssen, sondern auch sich selbst. Und wenn Nellie etwas nicht mag, dann nasses Fell.

Hinter dem abgenagten Baumstamm taucht ein unbekanntes Kindergesicht auf. »Holla, isss bin Blubi!«

Und noch eines. »Holla, iss bin Boksssi!«

Und noch ein Gesicht taucht auf, aber ein bekanntes. »Nellie, dasss sssind meine Kinder, Blubi und Boksssi«, sagt Bolli.

»Haben wir ssson gesssagt, Papa!«

»Blubi, klettere auf meinen Rücken. Und du Boksssi auf Blubisss Rücken. Dasss müssste genügen, um Nellie die Nusss absssunehmen. Und passst auf, dasss sssie nicht nasss wird!«

Gesagt, getan. Der schwankende Biberturm erreicht Nellies Gesicht.

»Gib her!«, stöhnt Boksi.

»Vorsichtig!«, ruft Nellie und übergibt Boksi die Fundnuss.

»Dreh dich, Papa!«, ruft Boksi. »Dann kann Nellie auf meinen Rücken klettern.«

Gesagt, getan. Der Biberturm dreht sich schwankend um sich selbst.

»Achtung, bereit?«, fragt Nellie. Ihre Vorderpfötchen berühren vorsichtig Boksis Fell. »Ui, das ist sehr glatt.«

»Esss issst mit Fett eingerieben!«, verkündet Boksi.

»Ssso frieren wir nissst«, ergänzt Blubi.

»Und können den gansssen Tag im Wassser ssspielen.«

»Und wenn ich abrutsche?«, fragt Nellie mit zitternder Stimme.

»Kneif ordentlich hinein und halt disss gut fessst«, fordert Boksi sie auf. »Dasss macht mir nissstsss.«

Nellie gräbt ihre Pfötchen tief ins Fell und lässt mit den Hinterläufen den Ast los.

»Jetzt!«, brüllt sie.

13

Die blaue Schlange

Als Nellie mit einem zarten PLUMPS auf Boksis Rücken landet, schwankt der Biberturm einen kurzen Moment. Nellies Herz pocht heftig. Doch die Biberkinder gleichen den Aufprall geschickt aus und der Turm beruhigt sich.

»Vorsssichtig nach unten auf den Baumssstamm klettern, Nellie«, schnauft Bolli.

Nellie rutscht an den Bibern herunter und tastet sich vorsichtig auf den Stamm. »Ganz schön wackelig!«, findet sie.

»Hab keine Angssst, isss halt disss gut fessst!«, sagt Boksi.

Nellie steht mit beiden Füßen auf dem Stamm und atmet vorsichtig aus und ein. Und los geht die Überfahrt. Begleitet von Blubi und Boksi, schiebt Bolli den abgenagten Baumstamm vorsichtig durch das Wasser. Und Nellies Unwohlsein verfliegt.

»Danke für die Rettung!«, ruft sie.

»Sssi, sssi«, blubbern die drei Biber ins Wasser.

»Was ist das für ein Haufen mitten auf dem Wasser dort drüben?«, will Nellie wissen.

»Unssser SSSuhaussse!«, rufen Blubi und Boksi.

»Dasss issst eine Biberburg«, ergänzt Bolli.

»Und wo ist der Eingang?«

»Unter Wassser«, rufen die Biberkinder.

»Meine Frau Bolina bekommt noch ein Kind. Ssso issst esss sssicher, und wir bekommen keine gefährlisssen

Gässste«, erklärt Bolli.

»Nagst du deshalb die Bäume an?«, fragt Nellie neugierig.

»Rissstisss!«

»Und wir schubsssen sssie in den Sssee!«, verkünden die Kinder stolz. »Und ssstauen damit dasss Wassser.«

»Wenn ess hoch genug gessstaut issst, bauen wir die Burg.«

Das gestaute Wasser ist über die Ufer getreten und hat die Wühlmausgänge geflutet, kombiniert Nellie. »Die armen Wühlmäuse mussten umziehen, weil Wasser in ihre Gänge geflossen ist.«

»Dass tut unsss leid!«, entschuldigt sich Bolli. »Sagst du den Wühlmäusen, dass wir das nicht beabsichtigt haben?«

»Si. Si. Sie wohnen jetzt im Hamsterhügel!«

»Gut sssu wisssen!« Bolli stoppt in einer kleinen Bucht, in der bunte Steine im Wasser liegen. »Allesss ausssteigen! Jetssst immer geradeausss, dursss den Tannenwald, dann triffssst du direkt auf den Haselnusshain!«

»Danke, Bolli!«, ruft Nellie erleichtert und hüpft vom Baumstamm. »Hey, Blubi und Boksi, kennt ihr den schon? Warum fliegen Vögel im Winter in den Süden?« Aber als Nellie sich dem See zuwendet, ist auf dem Wasser niemand mehr zu sehen. »Hey, wo seid ihr denn?«

GGGRRRR.

»Was war denn das?« Nellie schaut sich um. Wer macht denn hier so ein seltsames Geräusch? »Kein Stacheltier, kein Rascheltier und auch keine Stachelkugel oder Raschelkugel«, murmelt sie.

HUNGERRR.

Nellie betastet ihren Bauch.

HUNGERRRR.

»Huch, das bin ja ich!«, ruft sie. »Nüssesuchen macht offenbar hungrig.«

Nellie kramt in den Taschen ihrer Latzhose. Doch weder ein Fichtensamen noch ein Kiefernzapfen ist da, auch keine Buchecker oder Eichel. Nicht mal ein Sonnenblumenkern oder eine matschige Brombeere lassen sich finden.

»Hungrig kann ich auf keinen Fall weitersuchen!«, beschließt Nellie. Mit der Nase im Wind erschnuppert sie ein paar Tannenzapfen. »Da oben auf der Blautanne!«

Mit jedem Ast, den Nellie erklimmt, werden ihre Bewegungen langsamer und der Rucksack immer schwerer. »Ich kann nicht mehr«, stöhnt sie. »Warum ist der Rucksack auch so schwer?«

Der Rucksack? Natürlich! Er ist schwer, denn er ist nicht leer.

»Die Fundnuss!«, schießt es Nellie durch den Kopf. »Boksi hat sie in meinen Rucksack gelegt.«

Schneller als sie *Warum fliegen Vögel im Winter in den Süden?* fragen kann, ist die Fundnuss in Nellies Magen verschwunden.

RÜÜÜLPS!

»Und jetzt eine klitzekleine Pause.« Nellie macht es sich in einer Astgabel gemütlich. Das schwere Köpfchen auf den Rucksack gebettet, lauscht sie den fernen Gesängen des Tiiitiiitiiitiii.

»Ich knack euch alle auf«, murmelt Nellie und streichelt über ihren runden Bauch.

Zwischen Tannenästen wohlig eingekuschelt, träumt sie von einem gigantischen Hügel glänzender Haselnüsse, auf dem zwei Tiiitiiitiiitiiis um die Wette singen.

PA-DAM. PA-DAM. PA-DAM.

Was ist das, denkt Nellie, und legt ihren buschigen Schwanz auf das rechte Ohr. Sie will weiterträumen. Dort im Traum schnuppert Nellies Nase an einer besonders großen Nuss. »Hm, lecker«, murmelt sie.

PA-DAM. PA-DAM. PA-DAM.

Da, schon wieder. Was ist denn das?

Geschickt nagt Nellie die Nuss auf. Der frische Duft verbreitet sich in ihrem Näschen, obwohl sie träumt. Ihr Bauch knurrt freundlich Zustimmung und freut sich auf die herzhafte Nuss.

SCHEPPER!

»Huch!« Nellie schreckt hoch.

Sie klemmt in der Astgabel. Gut und sicher.

»Ich bin wohl eingeschlafen.«

PADAM. PADAM. PADAM.

Nellie macht sich, immer dicht am Stamm entlang, auf den Weg nach unten. Da bemerkt sie etwas Blaues. Es schlängelt sich über den Waldboden.

»Es kriecht den Baum hinauf, direkt auf mich zu«, flüstert Nellie. »Oje.«

Das blaue Etwas bewegt sich immer schneller. Nellie muss sich beeilen, den Baum weiter hinaufzuklettern.

SCHEPPER!

»Das ist eine Schlange«, flüstert Nellie. Schlangen sind gefährlich, sagt Oma. Schneller als ein Eichhörnchen weghüpfen kann, schießen sie durch die Luft und beißen zu. Mit polterndem Herzen versteckt sich Nellie.

Folgt dem Eichhorn!

PA-DAM. PA-DAM. SCHEPPER!

Was macht die Schlange für einen Lärm? Nellie schaut noch einmal hin. Und dann noch einmal. Denn sie traut ihren Augen nicht. »Das ist überhaupt keine Schlange!«

Was sich da durch den Wald schlängelt, ist eine dünne Straße aus unzähligen winzigen, blauen Tierchen, die auf unzähligen winzigen Trommeln herumschlagen.

PA-DAM. PA-DAM. SCHEPPER!

Den Trommelnden folgen weitere Winzlinge, die eifrig noch winzigere Sessel, Lampen, Teppiche, Kinderbettchen, Schränkchen, Küchengeräte, ein Fahrrad aus Holz und unendlich viele Mini-Kisten transportieren. Allein, zu zweit oder zu dritt tragen sie die Möbel über ihren Köpfen.

»STOOOOPPP!«, brüllt eine Stimme. »Anhalten!«

Die Schlange stoppt.

»Leute, Leute, das ist nicht der Weg zum –«, brüllt die Stimme erneut.

Diesmal wird sie allerdings von einem zarten Stimmchen unterbrochen: »Die Königin fragt, warum wir anhalten?«

»Weil wir falsch sind!«, antwortet die Stopperin. »Das ist nicht der Weg zum –«

»Die Königin wünscht keine Widerrede, sondern, dass wir ankommen!«, erwidert das zarte Stimmchen.

Plötzlich entwickelt sich eine Unruhe unter den Winzlingen:

»Können wir bitte weiter?«
»Meine Arme fallen gleich ab!«
»Das Zeug ist schwer!«
»Leute! Schwestern! Cousinen! Los jetzt!«
»Wollen wir Wurzeln schlagen?«
»Gehen ist gesünder als stehen!«

Die Stopperin brüllt: »Ich bin die Reiseleiterin dieses Ameisenstaates, und ich bestimme, ob wir gehen oder stehen!«

»Das sind Ameisen!«, flüstert Nellie leise. »Ob die wohl auch geflutet wurden?«

Ameisen sind ungefährlich, sagt Oma Nuss. Sie haben den ganzen Tag mit sich selbst zu tun, und nie Zeit, weil sie ständig unterwegs sind, um etwas irgendwo zu holen oder nach irgendwo zu bringen.

»Und ich bin die KÖNIGIN dieses Ameisenstaates!«, stöhnt eine riesige runde Ameise, die in einem Bett ruht, das von zwölf Ameisen getragen wird. »Schon vergessen? Ich liege in den Wehen! Und ich befehle: Weitergehen!«

»Die Königin bekommt Kinder!«, flüstert Nellie mit einem freudigen Juchzer.

»Oder wollt ihr, dass eure Königin vor den Augen des ganzen Waldes ihre Kinder zur Welt bringt?«

»Majestät, das ist nicht der Weg zum Haselnusshain!«, brüllt die Stopperin wieder. »Die Karte ist veraltet!«

»Muss ich denn ALLES ALLEIN machen? Umzug organisieren? Kinder gebären? Und die Route bestimmen?«, brüllt die Königin zurück.

»Hallöchen«, unterbricht Nellie den Streit. »Wisst ihr,

warum Vögel im Winter in den Süden fliegen?«

Etwa eintausend Ameisen halten entsetzt die Luft an. Etwa zweitausend kleine Augen richten sich erschrocken auf Nellie. Dann drehen sich die Ameisen einmal um sich selbst. Und richten statt ihrer Augen eintausend Stacheln in Nellies Richtung.

»Oh, ich wollte nur Hallöchen sagen«, ruft Nellie erschrocken.

»Eichhörnchen. Kind. Weiblich. Keine Gefahr!«, stellt die Reiseleiterin fest.

Die Ameisen tauschen die Stachel gegen neugierige Blicke.

»Ich weiß, wie es zum Haselnusshain geht«, erklärt Nellie. »Ich kann euch hinbringen.«

Nellies Angebot verursacht ein wildes Getuschel und Gemurmel unter den Ameisen:

»Das Eichhörnchen ist doch noch grün unter der Nase!«

»Trau niemals einem Eichhörnchen!«

»Folge einem Hörnchen, und du bist verloren!«

»Wenn's dann ENDLICH weitergeht!«

»Und wenn es uns falsch führt?«

»Bitte weiter jetzt!«

»Los, geben wir dem Hörnchen eine Chance.«

»RUUUHEEEEEE!«, brüllt die Königin. »FOOOOLGT DEEEM EICHHOOORN!«

Die Ameisen sind froh, dass es endlich weitergeht.

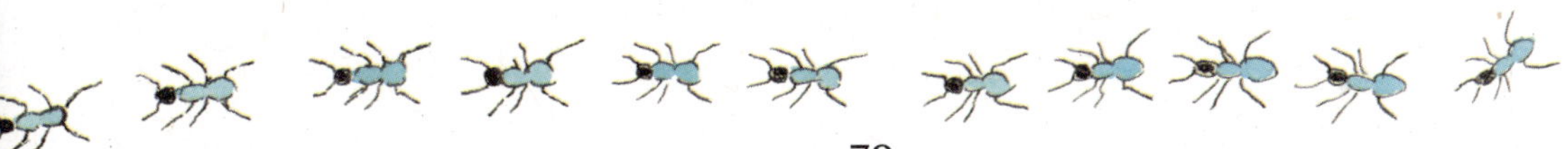

»LEUTE! Umdrehen und stammabwärts. Und zügig, wenn ich bitten darf!«, brüllt die Reiseleiterin.

»Ich denke, wir sind schneller, wenn ich euch mitnehme«, schlägt Nellie vor und deutet auf ihren Rucksack.

»BITTTTÄÄÄÄ!«, brüllt die Königin.

»LEUTE! Achtung! Neue Route! Auf das Eichhorn! Und zwar zackig!«, befiehlt die Reiseleiterin.

Auf die Plätze! Fertig? Los!

PA-DAM. PA-DAM. SCHEPPER. Etwa sechstausend Beinchen marschieren los.

»Hihi, das kitzelt.« Nellie muss ein Lachen unterdrücken, als die ersten kleinen Wesen auf ihren Rücken marschieren.

PA-DAM. PA-DAM. SCHEPPER.

Nellie beobachtet, wie die Ameisen jeden noch so winzigen freien Platz in ihrem Rucksack mit den feinen Fühlern am Kopf ertasten. »Alle da? Dann auf die Plätze, fertig, los!«

Mit etwa 999 Ameisen und einer Ameisenkönigin im Rucksack hüpft Nellie fröhlich durch den Tannenwald. Ganz vorsichtig natürlich. Denn der schwangeren Ameisenkönigin ist ein bisschen schlecht.

Nellie berichtet den Ameisen von ihrer Begegnung mit Mampfred, der Rettung der Wühlmäuse und ihrer Fahrt über den See. Manchmal kichern die Ameisen. Dann muss Nellie auch kichern, denn tausend winzige Ameisenstimmchen, die »Hihihi« machen, sind unheimlich komisch.

Die Reise selbst geht mit leichten Pfoten vonstatten. Nellie schaut ab und zu über ihre Schulter, ob noch alle Ameisen sicher in ihrem Rucksack hocken. Tun sie. Ihre winzigen Fühlerchen sind wie Antennen in die Luft gereckt. Jeweils zwei Ärmchen sind bei der Nachbarameise untergehakt, und mit den übrigen vier halten die Winzlinge ein Möbel oder eine Kiste.

Erstaunlich, was die Natur für Wesen eingerichtet hat, denkt Nellie. Die Ameisen sind so klein und doch so stark.

Schon einige Meter vor dem Haselnusshain zieht ein unverwechselbarer Duft in Nellies Nase: zu Boden gefallene Haselnüsse. »JUHUU! Es kann nicht mehr weit sein.«

Pfeifend hüpft Nellie dem Ziel entgegen.

»STOOOOOP!«, ruft die Reiseleiterin, die sich tapfer einen Platz auf Nellies Schulter gesucht hat. »Wir sind daaaa!«

Nellie stoppt an einem Hügel aus Nadeln, Ästchen und Blattwerk.

»Abmarsch in Vierergruppen!«, befiehlt die Reiseleitung und trommelt drauflos.

PA-DAM. PA-DAM. SCHEPPER. In Windeseile beziehen die Ameisen ihr neues Zuhause, einen verlassenen Ameisenhügel, und beginnen sofort mit der Einrichtung der Zimmer.

»Was für ein großes Durcheinander«, murmelt Nellie. »Aber irgendwie auch nicht. Jede Ameise weiß auf wundersame Art genau, was sie zu tun hat. Ob das auch die Natur so eingerichtet hat?«

PA-DAM. PA-DAM. SCHEPPER!

»ES GEHT LOOOS!«, brüllt die Königin aus dem Hügel. »Alle sofort auf ihre Plätze!«

»Wäre ich eine Ameise, bekäme ich heute auf einen Schlag hundert neue Geschwister«, murmelt Nellie, und ein warmes Gefühl schleicht ihr durch den Bauch. »Tschüss mit üss, Großfamilie!«, ruft sie und winkt den letzten Ameisen, die im Hügel verschwinden.

Kaum ein paar Hüpfer hinter dem Ameisenhügel erblickt Nellie eine Wiese mit Sträuchern darauf. Ein endloses Meer aus bunten Blumen breitet sich unter und zwischen ihnen aus. Schmetterlinge flattern, Bienen sammeln Nektar, ein Grashüpfer spielt Mundharmonika. Und mittendrin stehen Haselnusssträucher, so viele, dass Nellie sie nicht zählen kann.

»ICH BIN AM ZIEL!«

Nellie hüpft hinein in die bunte Pracht und singt:

Auf die Plätze! Fertig? Los!
Haselnüsse sind famos!
Eichenhörnchen aus dem Haus!
Volle Nuss voraus!

Lecker und nussig
Sollen sie sein,
Kraftvoll und knackig
Das Aroma fein.

Zwischen den Wurzeln,
Versteckt im Laub,
Unter der Hecke,
Sicher vor Raub,
Getarnt als Stein,
Im dichten Gehölz,
Hocken die Nüsse,
Die wahren Genüsse.

Fein geschnüffelt,
Fix gecheckt,

Flink gegraben,
Nuss entdeckt!

Eichenhörnchen aus dem Haus!
Volle Nuss voraus!

Nellie muss nicht graben. Die Haselnüsse liegen zu Hunderten unter den Sträuchern. Sie öffnet ihren Rucksack und wirft hinein: kleine Nüsse, große Nüsse, dicke Nüsse, dünne Nüsse, hellbraune, dunkelbraune.

Der Rucksack ist längst voll, doch Nellie kann nicht aufhören. Als er überquillt, klemmt sie noch je eine Nuss unter ihre Arme. Voll beladen lässt sie sich ins Gras unter einen Haselnussstrauch fallen.

»Das war doch gar nicht so schwer«, freut sie sich. »Und richtig gefährlich war es auch nicht. Mama und Papa werden stolz sein.«

»Hallo!«, ruft eine zarte Kinderstimme aus einem nahe gelegenen Brombeerbusch. Im selben Moment saust ein helles Fellknäuel mit zwei langen Ohren über Nellie hinweg.

»He, Vorsicht!«, ruft sie. »Wer ist denn da?«

Der schaurige Schatten

Aus den Tiefen der Frühlingswiese antwortet ein Stimmchen: »Kurti, Feldhase! Wir wohnen in den Brombeersträuchern. Und du?«

»Hallöchen. Ich bin Nellie, Eichhörnchen. Wir wohnen im Fichtenwald.«

»Fang, Nellie!«, ruft Kurti.

Im selben Moment saust eine mit bunten Farben bemalte Walnuss durch die Luft.

»Hab sie!«

Nellie wirft die Walnuss zurück in Richtung der zwei langen Ohren.

»Gefangen!« Jetzt guckt ein Hasengesicht aus der Wiese und grinst Nellie an. »Noch mal?«

»Jaaa!«, ruft Nellie und setzt ihren Fundnussrucksack ab.

Die bunte Walnuss saust durch die Luft wie Blätter in einem Herbststurm. Hin und wieder blitzt Nellies rotbrauner Schwanz irgendwo zwischen Ringelblumen und Gräsern auf. Oder Kurtis Ohren fliegen zwischen Mohn und Lupinen durch den Wind. Lachend hüpfen die beiden immer tiefer hinein in die bunte Frühlingswiese. Schließlich lassen sie sich neben Nellies Rucksack fallen.

»Das war echt super oberfühli!«, sagt Nellie, ganz außer Atem vom Lachen.

»Nicht bewegen, Nellie!«

»Was ist denn?«

»Ich zähle jetzt bis drei.«

Nellie hört ein Geräusch.

»Bei drei rennen wir!«, flüstert Kurti.

Es ist ein beunruhigendes Geräusch.

»Eins.«

SCHWWW. SCHWWW. SCHWWW.

Um genauer zu sein: das beunruhigendste Geräusch, das Nellie jemals gehört hat.

SCHWWW. SCHWWW. SCHWWW.

»Zwei.«

SCHWWW. SCHWWW. SCHWWW.

»Drei.«

SCHWWW. SCHWWW. SCHWWW.

»Los, Nellie!«, flüstert Kurti.

Nellie packt ihren prall gefüllten Rucksack.

»Da, zum Waldrand. Und immer im Zickzack!«

Die beiden hüpfen los. Weiße Ohren und ein rotbrauner Schwanz tauchen abwechselnd im Blütenmeer auf.

»Der Rucksack ist zu schwer«, stöhnt Nellie.

SCHWWW. SCHWWW. SCHWWW.

»Wirf ihn ab!«, ruft Kurti.

»Da sind meine Fundnüsse drin!«

Ein großer, schauriger, dunkler Schatten schiebt sich über Nellie. Das Geräusch wird unerträglich laut. Ein kalter Hauch drückt sich in ihren Rücken.

SCHWWW. SCHWWW. SCHWWW.

»Oje!«, japst Nellie und wirft den Rucksack ab.

SCHWWW. SCHWWW. SCHWWW.

Fix überholt sie Kurti, der keuchend Haken schlägt.

»Wir brauchen ein Versteck!«, ruft Nellie.

»In den hohlen Baumstamm!«, japst Kurti.

»Wo denn?«

»Da vorn, neben dem Brombeergebüsch.«

SCHWWW. SCHWWW. SCHWWW.

Nellie verschwindet im Stamm einer umgestürzten Eiche. Kurti springt hinterher.

Das Geräusch der zwei ängstlichen Herzen hallt im Baumstamm vielfach wider.

POCH-POCH-POCH-POCH-POCH-POCH.

Durch eine kleine Öffnung im Stamm sehen die beiden einen Vogel mit großen Schwingen.

»Ein Uhu!«, flüstert Kurti.

Der gewaltige Vogel setzt zur Landung an. Seine kräftigen Füße mit den messerscharfen Krallen schlagen in das Holz. Im Innern kracht es, Rinde und Borke werden

zerschmettert. Kleine Käfer und Raupen fallen auf Nellie und Kurti herab. Die Krallen kratzen und rütteln, hacken und zerren, doch das Holz gibt nicht nach.

POCH-POCH-POCH-POCH-POCH-POCH.

Der Uhu schreit wütend und hebt wieder ab. Nach einer Runde über dem umgefallenen Baum lenkt der Vogel Richtung Tannnenwald und verschwindet.

»Ich will nach Hause!«, schluchzt Nellie.

Kurti rückt näher und stupst liebevoll gegen Nellies Kopf.

Auf einmal muss Nellie fürchterlich weinen. »Wenn du nicht gewesen wärst, wäre ich vom Uhu erwischt worden. Ich habe alle meine Nüsse verloren. Ich weiß nicht mehr, wo ich bin. Und ich weiß nicht, wie ich nach Hause kommen soll und sowieso und überhaupt und alles –«

Kurti schluckt: »Es war knapp, Nellie! Aber wir haben es geschafft!«

Aus Nellies Augen quellen Tränen. Kurti knickt sein rechtes Ohr und legt es um Nellies Schulter.

»Meine Oma hat immer gesagt –«, schluchzt Nellie.

»Ja?«, flüstert Kurti.

»*Nellieschatz*, hat sie gesagt, *manchmal ist es gut, bei drei schon auf dem Baum zu sein!*«

»Oder in einer umgestürzten Eiche!«, ergänzt Kurti.

Nellie schmunzelt. »Du hast mir das Leben gerettet, Kurti Feldhase!«

Kurti wischt Nellie mit den Ohren die Tränen von der Wange.

Ein paar Momente passiert nichts. Dann flüstert Kurti in die Stille: »Ich weiß, was du jetzt machst! Ganz in der Nähe steht die höchste Kiefer des Waldes. Da kletterst du hoch und hältst Ausschau nach deinem Zuhause. Was hältst du davon?«

»Passt du auf mich auf?«

»Na klar, wir sind doch Freunde!«

Das starke Paar

Kurti streichelt über Nellies Wange und singt schüchtern:

Wir heißt: Wir sind ein starkes Paar!
Wir heißt: Uns krümmt keiner ein Haar!
Wir heißt: Zu zweit sind wir stark wie vier,
Und deshalb singen wir:
Du und ich, das heißt wir!

Gib mir die Hälfte von deinem Mut,
Ich geb dir die Hälfte von meinem,
Zusammen haben wir immer genug,
Zusammen mutig wird alles gut!

Wir heißt: An deiner Seite hab ich Mut!
Wir heißt: Mit dir flieh ich jeder Flut,
Keine Angst mehr vor dem großen Tier!
Und deshalb singen wir:
Du und ich, das heißt wir!

Gib mir die Hälfte von deinem Mut,
Ich geb dir die Hälfte von meinem,
Zusammen haben wir immer genug,
Zusammen mutig wird alles gut!

Nellie stimmt mit ein:

Mit dir würd ich Nüsse stehlen
Mit dir wird mir nichts mehr fehl'n.
Mit dir stell ich mich allen Gefahr'n,
Mit dir würd ich über Meere fahren.
Wohin du auch willst!

Wir heißt: Wir sind ein starkes Paar!
Wir heißt: Wir sind für andre da!
Wir heißt: Wir helfen allen, auch dir,
Und dir und dir und dir.
Und deshalb rufen wir:
Du und ich, ja, das heißt wir!

Nellie und Kurti schleichen vorsichtig zur Kiefer, den Blick immer gen Himmel gerichtet.

»Wer zuerst oben ist!« Nellie springt an den Stamm und klettert zügig hinauf.

»Feldhasen klettern nicht auf Bäume«, stoppt Kurti sie. »Wir hoppeln übers Gras! So hat es die Natur …«

»… eingerichtet«, seufzt Nellie. »Manchmal ist die Natur echt eine Spielverderberin!«

»Hoch mit dir, Nellie! Ich halte Wache!«, ruft Kurti.

Zügig klettert Nellie den Baum hinauf. »Zweig, Ast,

Stamm, seht her, was ich schon kann!«

Die Äste werden dünner und dünner.

»Zweig, Ast, Stamm, mutig voran!«

Höher und höher, immer weiter Richtung Wipfel.

»Zweig, Ast, Stamm, ich weiß, ich will, ich kann.«

Dann stockt Nellie: »Kurti?«

»Was ist los?«, ruft Kurti von unten hoch.

»Ich bin noch nie bis zu einer Spitze hinaufgeklettert. Ich glaub, ich hab Angst.«

»Du schaffst das, Nellie!«

»Nein, Kurti!«

»Nellie, mach kurz die Augen zu.«

Nellie folgt dem Vorschlag des Freundes.

»Ist es schon besser?«, fragt er.

»Es ist so windig und wackelig!«

»Weißt du, als ich noch ganz klein war, habe ich immer davon geträumt, fliegen zu können. Ich wollte den Haselnusshain von oben sehen, den Bibersee und den Tannenwald. Ich träumte davon, ein Vogel zu sein und die Grenzen des Haines zu entdecken. Wenn ich in Gefahr bin, wie vorhin, dann stelle ich mir immer vor, ich fliege der Gefahr davon – wie ein Vogel.«

»Ein wundervoller Traum, Kurti«, seufzt Nellie. »Vielleicht wird er eines Tages wahr.«

»Ich wüsste so gern, wie unsere Welt über den Wipfeln aussieht«, fährt Kurti fort. »Findest du es für mich heraus?«

Nellie schaut nach oben. Nur noch ein paar Ästlein. Dann blickt sie zu Kurti, der vor der Kiefer auf dem Waldboden hockt. Kurtis Augen sind nach oben gerichtet. Nellie kann sehen, wie kraftvoll sie funkeln. Und ihr kleiner Bauch wird warm.

»Gut«, antwortet Nellie. »Ich finde es heraus. Für dich, Kurti! Damit du der schnellste Hase des ganzen Waldes wirst!«

Nellie atmet noch einmal tief durch.

Dann klettert sie vorsichtig auf den nächsten Ast.

Und dann auf den übernächsten.

Und überübernächsten.

Und überüberübernächsten.

Und dann.

Dann gibt es keinen nächsten Ast mehr.

»Kuuuurtiiiii!« Nellie klammert sich ganz fest an die Krone des Baumes. »Ich bin oooobeeeen.«

»Ich wusste, dass du es schaffst, Nellie! Ich wusste es.« Nellie sieht, wie ein Lächeln über Kurtis Gesicht huscht. »Denn du bist das mutigste Eichhörnchen, das ich kenne!«

Über den Wipfeln

»Du glaubst es nicht, Kurti! Der Wald ist nicht die ganze Welt. Dahinten geht es immer weiter! Immer weiter und weiter und weiter ...«, berichtet Nellie aus der Baumkrone.

Kurti schließt die Augen.

»Ich kann den Bibersee erkennen. An dessen Ufer beginnen Wiesen mit roten Büschen, aus denen Schmetterlinge aufsteigen! Dahinter stehen Berge«, erzählt Nellie weiter. »Und über den Bergen weiße Wölkchen und ganz viel Blau. Und dahinter geht es noch weiter ... Und überall fliegen bunte Vögel.«

»Wundervoll!«, flüstert das Häschen. Es sieht fast so aus, als würde es in Gedanken mit Nellie über den Wald fliegen. Über die endlosen Berge, hinein in das endlose Blau der endlosen Welt.

Ein bekannter Duft streichelt plötzlich Nellies feine Nase. Der Duft von –

»Nein, keine Haselnüsse«, stellt Nellie fest. »Es ist der Geruch eines frisch angeschürten Feuers.«

Da war doch was! Feuer?

»Da drüben!«, ruft Nellie. »Da drüben wohne ich! Da, wo der Dampf aus dem Küchenfenster aufsteigt.«

Rasend schnell klettert Nellie den Stamm der Kiefer hinab, schnappt Kurtis rechte Pfote und ab geht es nach Hause. Über die Blumenwiese, durch das schützende Geäst der Haselnusssträucher, durch den Tannenwald, um den Bibersee herum, durch den Buchenwald, über die Lichtung der Farne und im Schlängellauf um Pilze, Baumstümpfe, Laubbäume und Brombeerbüsche – direkt zurück in den Fichtenwald.

Schon von Weitem hört Nellie in den Ästen die Stimmen ihrer Familie.

»Nellie?«, ruft Papa.

»Hier, hier bin ich!«, ruft Nellie. Aber sie ist noch zu weit weg.

»Nellie, wo bist du?«, schallt Mamas Stimme durch die Zweige.

»Hat jemand unsere Schwester gesehen?«, hört sie Nobi rufen.

Nellie hüpft schneller.

Kurti kann mit dem Tempo kaum mithalten und japst: »Nicht so schnell, Nellie, sonst verlieren wir uns!«

Nellie erreicht die Eingangstür der Familie Nuss und entdeckt Taschen voller Nüsse.

»Hallöchen! Ich bin es!«, ruft sie.

Oma schaut aus dem Küchenfenster: »Nelliekind, da bist du ja!«

»Oma, Oma, ich hab dich so vermisst!« Nellie ist plötzlich ganz aufgeregt.

»Warte, ich komme!« Fröhlich schallt Omas Stimme durch die Zweige: »Sie ist hier. Nellie ist hier. Kommt nach Hause!«

Wie auf ein Kommando hin spurten die Eichhörnchen über verschiedene Äste der Nachbarbäume herbei.

»Mama! Papa!« Nellie drückt sich in das weiche Fell ihrer Mama.

»Wir sind vom Sammeln zurückgekommen und du warst nirgends zu finden«, berichtet Mama.

»Ein gutes Gefühl, dass du wieder da bist, Nellie!«, sagt Papa und nimmt Nellie in die Arme.

Oma Nuss streicht Nellies Kopf. »Wo warst du denn, Kind?«, fragt sie.

»Ich wollte Nüsse suchen. Und da bin ich: *Auf die Plätze! Fertig? Los!*«

»Haselnüsse sind famos«, antworten alle automatisch.

»Bitte geh nicht wieder allein in den Wald!«, mahnt Papa.

»Ich war gar nicht allein«, sagt Nellie. »Ich habe Mampfred getroffen und Schnick, Schnack und Schnuck, Bolli und seine Kinder und ein paar Ameisen mit ihrer Königin. Und Kurti.«

»Du warst immer in Begleitung?«, fragt Mama.

»Oh ja, ich war keine Sekunde allein!«, sagt Nellie.

»Das ist beruhigend zu wissen«, sagt Papa.

»Na ja, einmal war ich allein«, gibt Nellie zu, »aber da hab ich geschlafen.«

»Und du hattest gar keine Angst?«, will Nuri wissen.

»Ein bisschen schon. Einmal, ich hatte ganz viele Nüsse gesammelt, da kam plötzlich ein Uhu. Und ich konnte die Nüsse nicht retten, weil ich mich selbst retten musste. Da hatte ich ganz viel Angst.« Nellie schiebt ihr Köpfchen in

Mamas Fell. »Jetzt sind alle Fundnüsse weg.«

»Das macht nichts!«, tröstet Mama sie. »Wichtig ist, dass du wieder bei uns bist!«

»Hallöchen, ihr alle«, sagt Nellie grinsend. »Wie war euer Tag?«

Oma Nuss schmunzelt. Papa ebenso. Nobbi und Nuri grinsen. Und schließlich muss Mama lachen. »Ach, Nellie, wir haben dich lieb!«, sagt sie.

»Ich euch auch!«, ruft Nellie.

Das mutigste Eichhörnchen des Waldes

Nuri und Nobbi packen ihre Schwester und werfen sie in die Luft. »Ganz allein im Wald – du bist wirklich mutig! Mutig! Mutig!«, jubeln die beiden.

Nellie muss lachen.

»Hey, du bist größer geworden, Schwesterchen!«, behauptet Nobbi.

Nellie muss noch mehr lachen.

»Kann es sein, dass du gewachsen bist?«, fragt Nuri.

Und Nellie lacht und lacht und lacht.

»Gut möglich! Soll ich es euch zeigen?«

Papa und Mama schütteln den Kopf und sagen im Chor: »Du bist auf jeden Fall gewachsen, so viel steht fest!«

»Kommt mal alle zu mir«, sagt Papa.

Die sechs Eichhörnchen fallen sich in die Arme und kugeln sich zu einem großen braunen Fellknäuel zusammen. Lachend rollt das Fellknäuel über die Äste der Rotbuche.

»Morgen suchen wir wieder Nüsse«, sagt Mama leise. »Was hältst du davon, wenn du mitkommst, Nellie?«

Moment.

Was hat Mama gerade gesagt? Was Nellie davon hält, mitzukommen?

»Wirklich? Ich darf mit?«, fragt sie ganz ruhig.

Mama und Papa nicken.

»Kurti, hast du gehört?«, brüllt Nellie plötzlich. »Ich darf mit Mama und Papa auf Nusssuche! Kurti, wo bist

du denn?«

Kurti sitzt mit geknickten Ohren unter einem Farn am Fuße der Fichte und lächelt schüchtern.

»Mama, Papa, das da unten ist mein Freund Kurti« , stellt Nellie das Feldhäschen vor.

Familie Nuss klettert flink am Stamm der Buche Richtung Waldboden.

»Herzlich willkommen!«, sagt Mama Nuss und reicht Kurti die Pfote.

»Hallo, Frau Nuss!«, sagt Kurti hocherfreut.

SCHMATZ. Es raschelt im Gebüsch. RÜLPS. Ein Igel mit einer Haselnuss auf dem Rücken stapft durch das Laub und ruft: »Nellie! Ich glaub, du hast da was auf meinem Rücken vergessen!«

»Hallöchen, Mampfred!« Nellie klatscht vor Aufregung in die Pfötchen. »Mama, Papa, auf seinem Fell, äh, auf seinen Stacheln, da liegt meine allererste Fundnuss.«

Nellie stupst vorsichtig gegen Mampfreds Näschen. »Danke, Gefährte!«

Mit der Haselnuss zwischen den Zähnen klettert Nellie eilig in die Küche hinauf. »Schau mal, Oma!«

»Ach, Nellieschatz, ich bin so stolz auf dich. Nichts ist so wichtig im Leben eines Eichhörnchens wie die erste selbst gefundene Haselnuss. Schnell, nag sie auf.«

Nellie und Oma werfen den Nusskern in den süß duftenden Kessel.

»Das wird die beste Nusscreme, die wir je gemacht haben«, verspricht Oma. Während die Sonne langsam zum Horizont wandert, kocht Oma hinter verschlossener Küchentür die Haselnusscreme nach ihrem Geheimrezept.

Die anderen Eichhörnchen lassen Tische und Stühle an Seilen aus dem Fenster herunter auf den Boden, rollen karierte Decken aus, holen Geschirr und legen allerlei Samen und Nussbrote auf die Tische.

In den Gebüschen rund um die uralte Fichte raschelt es.

»Der Duft der Hasselnusscreme zieht offenbar Gäste an«, verkündet Oma Nuss, die mit einem zufriedenen Lächeln aus dem Küchenfenster schaut.

Zwei winzige Fellballen, die einen dritten huckepack tragen, rauschen direkt auf den Tisch zu und bremsen fellscharf davor.

»Gewonnen!«, rufen Schnick, Schnack und Schnuck gleichzeitig. »Hallo, Nellie, wie geht's?«

»Hallo, ihr drei! Wie ist es im Hamsterhügel?«

»Oberfühli!«, antworten die Mäuse im Chor.

Während Nellie ihren Eltern die Wühlmäuse vorstellt, raschelt erneut das Laub.

»Hier issst esss!«, rufen zwei Kinderstimmen.

»Mhmm, Hassselnussscreme!«, stellt Papa Bolli fest. »Bekommssst du auch ssso Hunger wie ich, Bollina?«

Bollis Frau streichelt ihren runden Bauch und sagt: »Ja, wir ssswei können esss kaum erwarten!«

PA-DAM. PA-DAM. SCHEPPER.

»Stoooop!«, brüllt eine bekannte Stimme. »In Blöcken zu je einhundert Ameisen um den Tisch aufstellen!«

»Uff«, stöhnen zwölf Trägerameisen und lassen das Bett der Königin erleichtert ins Laub fallen.

»AUA!«, stöhnt die Königin und winkt hoheitlich. »Ist das Essen schon fertig? Entschuldigt bitte, aber ich bin noch ein bisschen schwanger und hab richtig Hunger.«

20

Zuhause

»Wie schön, dass ihr alle da seid!«, ruft Nellie.

»Dasss issst ssso, wenn Freunde sssu Besssuch kommen«, sagt Bolli.

»So hat es die Natur eingerichtet«, brummt Mampfred mit einem breiten Lächeln. RÜLPS.

Oma Nuss stellt einen dampfenden Topf auf den Tisch. »Auf die Plätze, fertig, los!«, ruft sie den Gästen zu.

»Haselnüsse sind famos!«, rufen alle zur Antwort.

Nellie lässt als Erste ihren Löffel tief in die Nusscreme einsinken. Dann alle anderen. Für viele Momente ist es still am Tisch. Nun ja, nicht ganz still. Es wird nicht gesprochen. Aber etwas ist doch zu hören:

SCHMATZ.

SCHLECK.

SCHLUCK.

MHMM.

RÜLPS.

Während sich die Gäste entspannt die Bäuche reiben, lebhafte Unterhaltungen führen und Oma Nuss' Angebot annehmen, kleine Gläschen mit Nusscreme für den Heimweg mitzunehmen, ist Nellie schon wieder ausgebüxt.

Doch diesmal nicht, um auf Nusssuche zu gehen. Nicht, weil ein Tag mit so vielen Erlebnissen ein kleines Eichhörnchen erschöpft. Und auch nicht, weil ein Tag, der mit einem vollen Bauch endet, schläfrig macht. Nein, nichts davon.

Nellie will einfach für einen Moment allein sein. Auf dem Ast vor ihrem Zimmer sitzt sie und beobachtet das Fest zu Füßen der Fichte. Mit einem Lächeln singt sie:

Es gibt einen Ort,
Diesen einen unter dem Himmel,
Wo ich so gerne bin.

Er ist weit draußen,
Wild und wunderschön,
Und auch in mir drin.

Dieser Ort, wo ich so gerne bin,
Dieser Ort hat Platz für jedes Kind.

In den Wipfeln der Buchen,
Beim Nüssesuchen,
Trag ich ihn bei mir.
In meinem Bauch,
Ein großes WIR,
Denn dieser Ort,
Ja, dieser Ort
Seid IHR.

Es ist ein Glück
Ein Teil zu sein,
Ein Teil von eurer Welt.
In meinem Bauch,
Ein großes WIR,

Denn dieser Ort,
Ja, dieser Ort
Seid IHR.

Ihr seid meine Freunde,
Ihr seid der Wald,
Seid meine Familie,
Ihr seid mein Halt.

Ihr seid fantastisch,
Seid grandios,
Meine besten Freunde
Sind famoooos.

Alle Tiere klatschen wild und plötzlich singt der Tiiitiiitiii:

In den Wipfeln der Kronen,
Beim Tirilieren,

Dann Mampfred:

Unter blauen Farnen,
Beim Pilzenaschen,

Und Schnuck:

Unter der Erde,
Beim Fangenspielen,

Dann Bolli:

In den Wellen des Wassers,
Beim Birkennagen,

Und Kurti:

Im Haselnusshain,
Beim Hakenschlagen,

Und es erklingt ein Chor aus Eichhörnchen, Wühlmäusen, Bibern, Ameisen, einem Igel und einem Feldhasen:

Tragen wir ihn bei uns.
In unserem Bauch
Ein großes WIR,
Denn dieser Ort,
Ja, dieser Ort
SIND WIR.

Wir sind deine Freunde,
Wir sind der Wald,
Sind deine Familie,
Wir sind dein Halt.

Du bist fantastisch,
Bist grandios,
Unsere beste Freundin
Ist famoooos.

Dann singt Nellie leise allein weiter:

In den Wipfeln der Buchen,
Und beim Nüssesuchen
Trage ich ihn bei mir.
In meinem Bauch
Ein großes WIR,
Denn dieser Ort,
Ja, dieser Ort
Seid IHR.

»Hey, Leute«, ruft Nellie, als das Lied vorbei ist. »Kennt ihr eigentlich schon den? Warum fliegen Vögel im Winter in den Süden?«

Alle schütteln die Köpfe.

Da landet ein zweiter Tiiitiiitiii auf dem Tisch und zwitschert:

Tiiitiiitiii-Tuuusss,
Weil es zu Fuß -
Tiiitiiitiii-tiiisss -
Zu weit issst!

ENDE

Danksagungen

Ein Buch mit Musik, Aktionen und Workshops für Kinder zu produzieren, ist ein großes Unterfangen mit vielen Höhen und Tiefen, freudvollen Momenten, aber auch Niederlagen und Durststrecken. Ohne die Hilfe meiner Familie, zahlreicher Freund:innen und vieler beratender Kolleg:innen und Sponsor:innen gäbe es dieses Buch nicht. Ihr seid der Wald! DANKE!

Ich danke meinen künstlerischen Wegbegleiter:innen **Annabel, Martin** und **Gesa** für die Liebe und das Vertrauen in dieses Projekt. Ich danke meinen Wegbereiter:innen **Laura Linnenbaum, Hartmut Hühnerbein** und **Karin Klischke** – Ihr seid die Bank!

Ich danke **Marlies Herbrechtsmeier** und **Daniel Ruckdäschel** für die pädagogische Beratung. **Meike Blatzheim** für ein aufbauendes und motivierendes Lektorat. **Julia Hanauer** für ihre schonungslose Kritik. **Siegfried Bast** für seine klugen Vorschläge und den literarischen Blick.

Den drei Producern, **Lars Peter, Daniel Neumann** und **Rares Caraivan**, für den professionellen und liebevollen Support in den Studios. Von ganzem Herzen umarme ich **Leo, Noralie, Lena, Ha-An, Samuel, Luc und Fritzi** – Ihr seid famoooos!

Ebenso sage ich Danke für den Support und den Spirit des Teams der blu:boks BERLIN: **Carsten Stier, Franziska Schult, Recha Kambanda** und **Janina Lauxmann** – Ihr seid grandios! Unsere Workshop-Helfer:innen: **Jemima Schwab** und **Richard Herbst** – Danke!

Dem Medienanwalt **Christian Weber** danke ich für die Information, dass eine Idee noch kein Werk ist. **Christiane** für ihr liebevolles Design. Dank gilt ebenso unserer geduldigen und professionellen Betreuung bei Pulsioprint: **Maya Petrova**. Danke **Sean**! – Baby No. 2 gäbe es ohne dich nicht! **Sophie**, danke, für all die Stunden des Lernens mit dir. Und danke an **Henrik** für den Anstoß zu dieser Geschichte.

And last but not least: Manchmal, wenn das Gesicht tief im Modder liegt, kommt ein Mensch und sagt, dass er an dich und dein Projekt glaubt. Diesem Menschen gilt mein letzter Dank.

Ihr seid meine Freunde, Ihr seid der Wald,
Seid meine Familie, Ihr seid mein Halt.
Ihr seid fantastisch, Seid grandios,
Meine besten Freunde
Sind famoooos.

Thomas Klischke
Frankfurt am Main
September 2022

Thomas Klischke, Schauspieler, Autor, Dramatiker, Theaterregisseur, Verleger und Gärtner aus Leidenschaft, brachte schon mit zehn Jahren die Zuschauer:innen am Kleist-Theater in Frankfurt an der Oder zum Lachen. Nach dem Schauspielstudium an der Hochschule für Musik & Theater Leipzig schrieb und inszenierte er zahlreiche Kinder- und Jugendstücke, die mehrfach zu Theaterfestivals eingeladen und prämiert wurden. Thomas ist Autor der Kinderbuchserie »Käpt'n Kaos«.

www.thomasklischke.de

Annabel Adler ist freischaffende Künstlerin, Dozentin und Malerin. Nach dem Studium der Kunstgeschichte und Kunstdidaktik an der Otto-Friedrich-Universität Bamberg reiste sie als Anhalterin um die halbe Welt und überquerte u.a. den Atlantik in einem Trimaran. Seit ihrer Rückkehr beschäftigt sie sich mit Actionpainting, das Spontaneität, Stressabbau sowie Teamgeist fördert. Sie organisiert Performances, Zeichenkurse und Ausstellungen in ihrer eigenen Mal- und Zeichenschule im Herzen der Bamberger Altstadt.

www.adlerartgallery.com

Martin Friedrich Kagel studierte Fagott und Klavier an der Hochschule Franz Liszt in Weimar sowie traditionelle japanische Musik in Osaka. Seinen ersten Kompositionsauftrag erhielt er während eines Praktikums beim Deutschen Filmorchester Babelsberg. Martin bildete sich zum Life-Design-Coach und zum Hypnosystemischen Berater und Organisationsentwickler am Milton-Erickson-Institut Heidelberg weiter. Martin spricht Japanisch und ist praktizierender Buddhist sowie in der Lage, Geburtstagsständchen auf dem Koto zu spielen.

www.martinfriedrichkagel.de

Gesa Bocks ist Sängerin, Sprecherin, Radiomoderatorin und Podcasterin. Sie studierte Tanz, Gesang und Schauspiel in Hamburg und hat – nach einem kurzen Abstecher ins Bühnenbusiness – das Mikrofon für sich entdeckt. Gesa liebt es, Geschichten über wahre Menschen zu erzählen, im Radio und im Podcast, sowie fiktive Geschichten über wahre Gefühle auf der Bühne und am Mikrofon. In Gesa wirbelt ein unbändiger Spieltrieb, ein Hang zu kreativen Menschen, und die kleine Idee, die Welt mit schönen Dingen zu einer besseren zu machen.

www.gesabocks.de

Christiane Meyer ist ein kreatives Rundumtalent. Nach einigen Agentur-Lehrjahren arbeitet sie heute als freie Grafikdesignerin, Fotografin und Illustratorin. In einer ausgewogenen Balance aus kommerziellen und freien Projekten kann sie jeder ihrer drei professionellen Leidenschaften gleich viel Raum einräumen. Ihr erstes illustriertes Kinderbuch »Fisk etter Fisk« erscheint 2022 in Norwegen. Sie lebt mit ihrem Mann und ihren Kindern in Berlin.

www.christianemeyer.com

Die **blu:boks BERLIN + BRANDENBURG** sind soziokulturelle Kinder- und Jugendeinrichtungen, deren Ziel es ist, die kreativen Begabungen junger Menschen zu finden und zu fördern, ihr Selbstwertgefühl zu entwickeln und zu stärken. Professionelle Künstler:innen arbeiten wöchentlich mit Kindern und Jugendlichen im Alter von 6 bis 18 Jahren in innovativen Kunst- und Kulturprojekten zusammen, die ihren jährlichen Höhepunkt in Bühnen- oder Filmproduktionen auf professionellem Niveau finden. Alle Angebote für die Kinder sind kostenfrei und werden von Spenden und Teilförderungen getragen.

www.bluboks-berlin.de

Weitere Bücher aus dem Pagea Verlag

VOLLE NUSS VORAUS

Das Liederheft

Thomas Klischke · Martin Friedrich Kagel

Das Liederheft enthält die fünf Lieder aus dem Kinderbuch »Volle Nuss voraus« als PDF zum Download. Das Notenbild bildet die Singstimme mit Akkordbegleitung ab. Also: Mitklatschen, mitsummen und mitsingen! Viel Freude beim Musizieren wünschen euch Martin & Thomas.

Titel 1 Volle Nuss voraus
Titel 2 Hinter den Zweigen
Titel 3 Das warme Gefühl
Titel 4 Ein starkes Paar
Titel 5 Zuhause

VOLLE NUSS VORAUS
Das Liederheft
Für Sänger:innen
Ab 4 Jahren
Illustrationen: Annabel Adler
Design: Christiane Meyer
Sprache: Deutsch
PDF: 20 Seiten
ISBN: 978-3-9823696-7-9
Pagea Verlag Frankfurt

www.pagea-verlag.de
www.vollenussvoraus.de

Thomas Klischke · Florian Elschker
KÄPT'N KAOS – Das Geheimnis des A.T.I.R.

Schon mal an einem Schiffswettrennen teilgenommen und dabei versehentlich auf einem fremden Planeten gelandet? Den größten Flucher der Welt getroffen? Oder Aliens mit Krabbensalatsoße in die Flucht geschlagen?
Nein? Dann los!

Illustriert von Florian Elschker
Designt von Sean Keller
Für Leser:innen ab 8 Jahren

Endlich!
Alle drei Teile der Kaos-Abenteuer in einem Buch.
Mit 126 fantastischen, nagelneuen Illustrationen von Florian Elschker.

Stell dir vor, du kämpfst dich gerade durch den langweiligen Matheunterricht, als plötzlich dein Name ausgerufen wird. Du sollst zur Schulleitung. Fünf Minuten später sitzt du in einer Limousine auf dem Weg zum Flughafen. Zwei Stunden später kurvt dich ein Taxi über die Insel Mallorca. Und plötzlich stehst du vor ihm, dem bekanntesten Forschungskapitän der Welt, deinem Onkel Karl-Oskar Johannsen, genannt Käpt'n Kaos.

Das ist nicht das Ende der Reise, es ist erst der Anfang. Der Anfang einer Weltraum-Odyssee, die dich in spektakuläre Abenteuer verwickelt, die du nie wieder vergessen wirst.

Mehr Infos unter:
www.pagea-verlag.de
www.käptnkaoskosmos.de

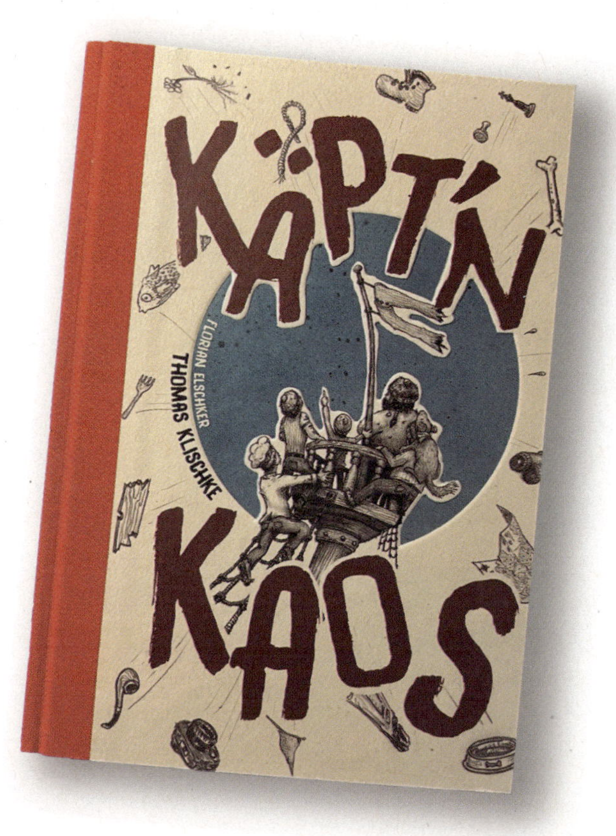

Ausmalbild
Volle Nuss voraus!

An alle Schnupperprofis!
Wie viele Nüsse haben wir im Buch versteckt? Zähle alle Nüsse, die du finden kannst und schick deine Antwort an:
kontakt@thomasklischke.de
Volle Nuss voraus!

1
2
3
4
5
6
10
11
15
16
17
18
19
20